Der Autor

Deepak Chopra ist ein international erfolgreicher Autor, der in seinen Werken östliche Weisheiten mit westlicher Wissenschaft zu verbinden sucht.
Bei Heyne erschien zuletzt sein Buch »Dein Heilgeheimnis. Das Schlüsselbuch zur neuen Gesundheit«.

Deepak Chopra

Die sieben geistigen Gesetze des Erfolgs

Aus dem Amerikanischen übersetzt
von Annette Charpentier

WILHELM HEYNE VERLAG
MÜNCHEN

HEYNE ESOTERISCHES WISSEN
Herausgegeben von Michael Görden
13/9772

Titel der amerikanischen Originalausgabe:
THE SEVEN SPIRITUAL LAWS OF SUCCESS
erschienen bei Amber-Allen Publishing
und New World Library, USA

Umwelthinweis:
Dieses Buch wurde auf
chlor- und säurefreiem Papier gedruckt.

6. Auflage
Copyright © 1994 by Deepak Chopra
Copyright © 1996 der deutschsprachigen Ausgabe
by Wilhelm Heyne Verlag GmbH & Co. KG, München
http://www.heyne.de
Ungekürzte Taschenbuchausgabe
Printed in Germany 2001
Umschlaggestaltung: Atelier Bachmann & Seidel, Reischach
Umschlagillustration: Tony Stone Bilderwelten/Manoj Shah,
München
Technische Betreuung: Sibylle Hartl
Satz: ew print & medien service gmbh, Würzburg
Druck und Bindung: Ebner Ulm

ISBN 3-453-14668-9

Inhalt

Du bist wie deine tiefen, drängenden Wünsche.
Wie deine Wünsche, so ist dein Wille.
Wie dein Wille, so ist deine Tat,
und wie deine Tat, so ist dein Schicksal.

Brihadaranyaka Upanischade IV. 4. 5.

Danksagung

An dieser Stelle möchte ich die folgenden Menschen meiner Liebe und Dankbarkeit versichern:

Janet Mills für die liebevolle Betreuung dieses Buches von der ersten Idee bis zur Vollendung.

Rita Chopra, Mallika Chopra und Gautama Chopra, die den lebendigen Ausdruck der sieben geistigen Gesetze darstellen.

Ray Chambers, Gayle Rose, Adrianna Nienow, David Simon, George Harrison, Olivia Harrison und Naomi Judd danke ich für ihren Mut und ihre Hingabe an eine Vision, die Ehrfurcht und Inspiration auslöst und erhaben, edel und lebensverwandelnd ist.

Roger Gabriel, Brent Becvar, Rose Bueno-Murphy und meinem Personal im Sharp-Center für ganzheitliche Medizin danke ich, weil sie für all unsere Gäste und Patienten lebendige Beispiele darstellen.

Deepak Singh, Geeta Singh und meinem Personal bei Quantum-Publications danke ich für ihre ungebrochene Energie und Hingabe.

Ein Dank geht an Muriel Nellis für ihre unerschütterliche Absicht, bei allen unseren Unternehmungen höchste Integrität zu bewahren;

an Richard Perl, weil er ein so wunderbares Beispiel für Selbstreflexion darstellt;

an Linda Ford für ihren unerschütterlichen Glauben an Selbstbezug und ihre ansteckende Begeisterung und Hingabe, die das Leben vieler Menschen verwandelt hat, und an Bill Elkus für sein Verständnis und seine Freundschaft.

Einführung

Dieses Buch trägt zwar den Titel *Die sieben geistigen Gesetze des Erfolgs*, aber es könnte ebensogut heißen: *Die sieben spirituellen Gesetze des Lebens*, denn es handelt sich um die gleichen Prinzipien, die die Natur anwendet, um alles in der materiellen Welt zu erschaffen – alles, was wir hören, sehen, riechen, schmecken oder berühren.

Ich habe in meinem Buch *Dein Heilgeheimnis* bereits die Schritte beschrieben, wie man das richtige Bewußtsein für Wohlstand entwickelt. Es beruht auf einem durchdringenden Verständnis der Mechanismen in der Natur. Die *sieben geistigen Gesetze des Erfolgs* stellen die Grundlagen dieser Lehren dar. Wenn man dieses Wissen in sein Bewußtsein integriert, wird man fähig, mühelos und unbegrenzt Reichtum zu erschaffen und jedes Unterfangen erfolgreich und leicht zu bewältigen.

Man könnte Erfolg im Leben als eine ununterbrochene Fortsetzung von Glück beschreiben, als die fortwährende Verwirklichung wertvoller Ziele. Erfolg ist die Fähigkeit, sich alle Wünsche mühelos und leicht zu erfüllen. Doch Erfolg, auch die Schaffung von Wohlstand, wurde immer schon als ein Prozeß betrachtet, der harte Arbeit erfordert. Oft glaubt man auch, er könne nur auf Kosten anderer stattfinden. Was wir tatsächlich brauchen, ist eine geistige Einschätzung von Erfolg und Wohlstand, denn Wohlstand ist ein breiter Strom aller guten Dinge im Leben. Wenn man die geistigen Gesetze kennt und anwendet, steht man in einem harmonischen Verhältnis zur Natur und schöpft daraus sorglos, freudig und liebevoll.

Erfolg hat viele Komponenten; materieller Wohlstand ist nur eine davon. Erfolg ist überdies ein Weg, kein Ziel. Materielle Fülle ist in all ihren Ausdrucksformen zufällig nur eines jener Dinge, die diesen Weg erfreulicher machen. Aber zum Erfolg gehören auch Gesund-

heit, Energie, Lebensfreude, erfüllende Beziehungen, kreative Freiheit, emotionale und
seelische Stabilität, Wohlbefinden und See-
lenfrieden.

Doch selbst wenn wir uns all dieser Dinge
erfreuen, werden wir unerfüllt bleiben, es sei
denn wir ernähren die Samen der Göttlichkeit
in uns. Wir sind in Wirklichkeit Götter und
Göttinnen, tragen aber eine schützende, ver-
bergende Hülle. Doch diese Götter und Göttinnen, die in Keimform in uns enthalten sind,
wollen voll realisiert werden. Echter Erfolg ist
daher die Erfahrung des Wunderbaren. Es ist
die Entfaltung von Göttlichkeit in uns. Es ist
die Wahrnehmung von Göttlichkeit, gleich,
wo wir uns aufhalten, gleich, was wir wahrnehmen – in den Augen eines Kindes, der
Schönheit einer Blüte, im Flug eines Vogels.
Wenn wir unser Leben als einen wunderbaren
Ausdruck von Göttlichkeit betrachten, und
zwar nicht nur gelegentlich, sondern ständig –
dann erkennen wir die wahre Bedeutung von
Erfolg.

Ehe wir die sieben geistigen Gesetze dar-
legen, müssen wir das Konzept von Gesetzen
an sich begreifen. Ein Gesetz ist der Prozeß,
durch den das Nichtmanifeste manifest wird,
d. h. durch den das, was es noch nicht gibt, zu
dem wird, was ist; der Prozeß, in dem der Beobachter zum Beobachteten wird; der Prozeß,
durch den der Seher zum Betrachteten wird;
der Prozeß, in dem der Träumer seinen Traum
manifestiert.

Die gesamte Schöpfung, alles, was in der
physischen Welt existiert, ist das Ergebnis des
Nichtmanifesten, das sich zum Manifesten
umwandelt. Alles, was wir betrachten, stammt
aus dem Unbekannten. Unser Körper, das materielle Universum, alles und jedes, das wir
durch unsere Sinne wahrnehmen, ist die Verwandlung des Nichtmanifesten, Unbekannten, Unsichtbaren in etwas Manifestes, Be-
kanntes und Sichtbares.

Das physikalische Universum ist nichts anderes als das Selbst, das sich als Seele, Verstand und physische Materie empfindet. Mit

anderen Worten: Alle Schöpfungsprozesse sind Prozesse, durch die das Selbst oder die Göttlichkeit sich selbst ausdrückt. Bewußtsein in Bewegung drückt sich als die Objekte des Universums im ewigen Tanz des Lebens aus.

Die Quelle aller Schöpfung ist Göttlichkeit (oder die Seele); der Prozeß der Schöpfung ist Göttlichkeit in Bewegung (oder Verstand), und das Objekt der Schöpfung ist das physische Universum (eingeschlossen der physische Körper). Diese drei Aspekte der Wirklichkeit – Seele, Verstand und Körper oder Beobachter, Beobachtung und Beobachtetes – sind grundsätzlich das gleiche. Sie entstammen alle dem gleichen Ort: dem Feld des reinen Potentials, das ausschließlich nichtmanifest ist.

Die physikalischen Gesetze des Universums sind in Wirklichkeit dieser Prozeß der Göttlichkeit in seiner Bewegung – oder Bewußtsein in Bewegung. Wenn wir diese Gesetze verstehen und in unserem Leben anwenden, kann alles, was wir wünschen, geschaffen werden, denn die gleichen Gesetze, die die Natur benutzt, um einen Wald, eine Galaxie, einen Stern oder einen menschlichen Körper zu erschaffen, kann auch die Erfüllung unserer sehnlichsten Wünsche bewirken.

Betrachten wir nun die sieben geistigen Gesetze des Erfolgs und wie wir sie in unserem Leben zur Anwendung bringen können.

1

Das Gesetz
des reinen Potentials

❧

*Die Quelle aller Schöpfung ist das
reine Bewußtsein ...,
reines Potential, das seinen Ausdruck vom
Nichtmanifesten zum Manifesten anstrebt.*

*Und wenn wir erkennen, daß unser wahres
Selbst ein reines Potential ist, sind wir eins mit
der Kraft, die alles im Universum manifestiert.*

❧

Am Anfang
gab es weder Existenz noch Nichtexistenz,
die ganze Welt war nichtmanifeste Energie ...

Der Eine atmete ohne Atem aus seiner eigenen
Kraft heraus,
Nichts sonst war da ...

Schöpfungshymne, Rigveda

Das erste geistige Gesetz des Erfolgs ist
das Gesetz des reinen Potentials. Dieses
Gesetz beruht auf der Tatsache, daß wir in unserem essentiellen, grundsätzlichen Zustand
reines Bewußtsein sind. Reines Bewußtsein ist
reines Potential; es ist das Feld aller Möglichkeiten und der unendlichen Kreativität. Reines Bewußtsein ist unsere spirituelle Essenz.
Unendlichkeit und Unbegrenztheit sind gleichzeitig reine Freude. Andere Aspekte des
Bewußtseins sind reines Wissen, unendliche
Ruhe, perfektes Gleichgewicht, Unbesiegbar-
keit, Schlichtheit und Glückseligkeit. Das ist

unser grundsätzliches Wesen. Reines Potential ist unser grundsätzliches Wesen.

Wenn man sein eigentliches Wesen entdeckt und weiß, wer man wirklich ist, erlangt man *durch dieses Selbstwissen* die Fähigkeit, sich jeden seiner Träume zu erfüllen. Denn man ist ewige Möglichkeit, unermeßliches Potential von allem, was war, ist und sein wird. Das *Gesetz des reinen Potentials* könnte auch *Gesetz der Einheit* genannt werden, denn hinter der unendlichen Vielfalt des Lebens liegt die Einheit eines alles durchdringenden Geistes. Es besteht keine Trennung zwischen der Person und diesem Energiefeld. Das Feld des reinen Potentials ist das eigene Selbst, und je stärker man sein wahres Wesen erfährt, um so mehr nähert man sich diesem Feld des reinen Potentials.

Die Erfahrung vom Selbst – oder Selbstbezug – bedeutet, daß unser innerer Bezugspunkt nicht die Objekte unserer Erfahrung sind, sondern unsere eigene Seele ist. Das Gegenteil von Selbstbezug ist Objektbezug. Bei

Objektbezug werden wir stets durch Objekte außerhalb des Selbst beeinflußt. Dazu gehören Situationen, Umstände, Menschen und Dinge. Bei Objektbezug suchen wir ständig die Anerkennung anderer. Unser Denken und unser Verhalten richten sich stets auf die Erwartung einer Reaktion aus. Daher beruhen sie auf Angst.

Bei Objektbezug spüren wir zudem ein starkes Bedürfnis, die Umwelt zu kontrollieren und somit nach äußerer Macht. Die Bedürfnisse nach Anerkennung, nach Kontrolle und nach äußerer Macht beruhen auf Angst. Diese Art von Macht ist nicht die gleiche wie die Macht des reinen Potentials, die Macht des Selbst, die *wahre* Macht. Wenn wir die Macht des Selbst erleben, herrscht keine Angst, es besteht kein Zwang zur Kontrolle, und man kämpft nicht um Anerkennung oder äußere Macht.

Bei Objektbezug ist der innere Bezugspunkt das Ego. Das Ego ist jedoch nicht das, was man wirklich ist. Dieses Ego ist ein Selbstbild, eine gesellschaftliche Maske, die Rolle, die man sich zugelegt hat. Das Ego will Kontrolle; es wird durch Macht gestützt, denn es lebt in Angst.

Das wahre Selbst, die Seele, der Geist, ist von solchen Dingen vollständig frei. Es ist immun gegenüber Kritik, hat keine Angst vor Herausforderungen und fühlt sich niemandem unterlegen. Aber trotzdem ist es demütig und fühlt sich niemandem überlegen, denn es erkennt, daß alle das gleiche Selbst darstellen, den gleichen Geist, nur in verschiedenen Ausprägungen.

Das ist der grundlegende Unterschied zwischen Objektbezug und Selbstbezug. Bei Selbstbezug erlebt man sein wahres Wesen, das keine Angst vor Herausforderungen hat, gegenüber allen Menschen Respekt hegt und sich niemandem unterlegen fühlt. Selbst-Macht ist daher die wahre Macht.

Macht jedoch, die auf Objektbezug beruht, ist falsche Macht. Da sie auf dem Ego beruht, dauert sie jeweils nur so lange, wie das Bezugsobjekt gegenwärtig ist. Wenn man einen bestimmten Titel führt – sei es Präsident eines Landes oder Vorstandsvorsitzender einer großen Firma – oder wenn man viel Geld besitzt, fällt die Macht, die man genießt, mit diesem Titel, der Arbeitsstelle, dem Geld zusammen. Sobald diese verschwunden sind, ist auch die Macht fort.

Selbstmacht hingegen ist von Dauer, denn sie beruht auf dem Wissen um das Selbst. Selbstmacht hat bestimmte Eigenschaften. Sie zieht andere Menschen an, aber auch Dinge, die man sich wünscht. Sie magnetisiert Menschen, Situationen und Umstände, die Wünsche erfüllen. Man nennt dies auch die Unterstützung durch die Naturgesetze. Es ist die Hilfe einer Göttlichkeit, die Unterstützung, die man im Zustand der Gnade genießt. Diese Macht ist von der Art, daß man sich über die Bindung an andere Menschen freut und andere Menschen die Bindung zu einem suchen. Es ist die Macht der Bindung, eine Bindung, die wahrer Liebe entstammt.

Wie nun können wir das *Gesetz des reinen Potentials*, das Feld aller Möglichkeiten, auf unser Leben anwenden? Wenn man die Vorteile des Feldes des reinen Potentials genießen möchte, wenn man die Kreativität, die im reinen Bewußtsein liegt, voll nutzen will, muß man Zugang dazu gewinnen. Eine Möglichkeit, Zugang zu diesem Feld zu gewinnen, stellt entweder die tägliche Praxis des Schweigens dar, aber auch Meditation und Vorurteilslosigkeit. Beim Aufenthalt in der Natur gewinnt man ebenfalls Zugang zu den Eigenschaften des reinen Potentials – unendliche Kreativität, Freiheit und Glückseligkeit.

Schweigen bedeutet, sich zu verpflichten, sich täglich eine bestimmte Zeitspanne zu gönnen, um einfach nur zu sein. Die Stille erleben bedeutet, sich vorübergehend von der Aktivität des Redens zurückzuziehen. Es bedeutet auch den vorübergehenden Rückzug von Aktivitäten wie Fernsehen, Radiohören oder Lesen. Wenn man sich nie die Gelegenheit gönnt, Schweigen zu erleben, herrscht

Aufruhr im inneren Dialog. Man sollte sich hin und wieder die Zeit nehmen, um die Stille zu erfahren. Man kann sich auch einfach verpflichten, jeden Tag eine gewisse Zeit Schweigen zu bewahren. Das könnte zwei Stunden dauern; wenn das zuviel erscheint, vielleicht eine Stunde. Und hin und wieder sollte man sich eine ausgedehntere Schweigephase gönnen, wie etwa einen vollen Tag, zwei Tage oder eine ganze Woche.

Was geschieht nun bei dieser Stille-Erfahrung? Anfangs wird der innere Dialog noch turbulenter. Man spürt den intensiven Drang, etwas zu sagen. Ich kenne Menschen, die am ersten Tag fast verrückt werden, wenn sie sich auf eine ausgedehntere Schweigephase eingelassen haben. Sie überkommt ein Gefühl von Dringlichkeit und Angst. Aber wenn sie bei ihrer Verpflichtung bleiben, beruhigt sich der innere Dialog allmählich, und bald wird die Stille sehr profund. Denn nach einer Weile gibt der Verstand auf. Er erkennt, daß es keinen Sinn hat, sich weiter im Kreis zu drehen, wenn das Du – das Selbst, der Geist, der Entscheidungsträger – nicht sprechen will. Punktum. Und wenn sich der innere Dialog beruhigt, erlebt man die Stille des Feldes des reinen Potentials.

Die regelmäßige Ausübung von Schweigen, gerade wie es einem recht ist, stellt einen Weg dar, das Gesetz des reinen Potentials zu erleben. Ein anderer Weg ist, jeden Tag Meditation zu betreiben. Idealerweise sollte man morgens und abends je dreißig Minuten meditieren. Durch die Meditation lernt man, das Feld des reinen Schweigens und des reinen Bewußtseins zu erfahren. In diesem Feld des reinen Schweigens liegt auch das Feld der unendlichen Korrelation, das Feld der grenzenlosen Wirkungskraft, der letztendliche Boden aller Kreativität, in dem alles unauflöslich mit allem anderen verbunden ist.

Beim fünften geistigen Gesetz, dem *Gesetz von Absicht und Wunsch*, erkennt man, wie man in dieses Feld einen leisen Impuls von Absicht einführen kann. Dann erfolgt der Ausdruck von Wünschen ganz spontan. Aber zuerst muß man Stille erfahren. Stille ist die erste Grundvoraussetzung für die Manifestation von Wünschen, denn in der Stille liegt die Verbindung zum Feld des reinen Potentials, das eine unendliche Zahl von Einzelheiten aufeinander abstimmen kann.

Man stellt sich vor, wie man einen kleinen Stein in einen stillen Teich wirft und zusieht, wie das Wasser sich kräuselt. Nach einer Weile, wenn die Wellen sich wieder beruhigt haben, wirft man vielleicht einen weiteren kleinen Stein hinterher. Genau das gleiche tut man, wenn man sich in das Feld des reinen Schweigens begibt und eine Absicht einführt. In dieser Stille schlägt selbst die schwächste Absicht Wellen auf dem darunterliegenden Boden des universalen Bewußtseins, das alles mit allem verbindet. Aber wenn man keine Stille im Bewußtsein erlebt, wenn der Geist wie ein aufgewühlter Ozean ist, könnte man das Empire State Building hineinwerfen, ohne das Geringste zu bemerken. In der Bibel gibt es die

Zeilen: »Sei still, und wisse, daß Ich Gott bin.«
Dies kann nur durch Meditation herbeige-
führt werden.

Ein weiterer Weg zum Feld des reinen Potentials besteht in der Praxis der Vorurteilslosigkeit. Urteilen bedeutet die beständige Einschätzung aller Dinge als entweder gut oder
schlecht, richtig oder falsch. Wenn man be-
ständig einschätzt, urteilt, klassifiziert, etiket-
tiert oder analysiert, erzeugt man im internen
Dialog eine Menge Unruhe. Diese Unruhe
schränkt den Energiefluß zwischen einem
selbst und dem Feld des reinen Potentials ein.
Man schließt praktisch die »Lücke« zwischen
den einzelnen Gedanken.

Diese Lücke aber ist die Verbindungsstel-
le zum Feld des reinen Potentials. Sie ist ein
Zustand des reinen Bewußtseins, stiller Raum
zwischen Gedanken, eine innere Stille, die einen mit der wahren Macht verbindet. Und
wenn diese Lücke enger wird, schränkt man
die Verbindung zum Feld des reinen Potentials und unendlicher Kreativität ein.

Es gibt ein Gebet in *A Course in Miracles* (»Ein Kurs in Wundern«), in dem es heißt: »Heute werde ich nichts beurteilen, was mir zustößt.« Urteilslosigkeit schafft Ruhe im Geist. Es ist daher eine gute Idee, jeden Tag mit dieser Aussage zu beginnen. Den ganzen Tag lang erinnert man sich daran, wenn einem auffällt, daß man wieder einmal ein Urteil ausgesprochen hat. Wenn das einen ganzen Tag lang zu schwierig erscheint, kann man sich auch sagen: »In den nächsten beiden Stunden werde ich nichts beurteilen« oder: »In der nächsten Stunde werde ich mich in Vorurteilslosigkeit üben.« Dann weitet man die Zeitspanne allmählich aus.

Durch Schweigen, Meditation und Vorurteilslosigkeit gewinnt man Zugang zum ersten Gesetz, dem Gesetz des reinen Potentials. Wenn man damit angefangen hat, kann man noch eine vierte Komponente hinzufügen. Diese bedeutet, sich regelmäßig in direkten Kontakt mit der Natur zu begeben. Dieser Aufenthalt in der Natur ermöglicht einem, die harmonische Interaktion aller Elemente und Lebenskräfte zu spüren. Ob es sich um einen Fluß handelt, einen Wald, einen Berg, einen See, das Meer oder die Wüste, die Verbindung mit der menschlichen Intelligenz hilft einem ebenfalls, Zugang zum Feld des reinen Potentials zu gewinnen.

Man muß auch lernen, mit der innersten Essenz seines Wesens in Kontakt zu treten. Dieser wahre Kern liegt jenseits des Egos. Er ist furchtlos, er ist frei, er ist gegenüber Kritik immun, er hat keine Angst vor Herausforderungen. Er ist niemandem unterlegen noch überlegen und voller Zauber, Mysterium und Magie.

Zugang zum wahren Wesen verleiht einem zudem Einsicht in den Spiegel der Beziehung, denn alle Beziehungen sind Abbilder der Beziehung zum Selbst. Wenn man zum Beispiel Schuld, Angst und Unsicherheit empfindet hinsichtlich Geld, Erfolg oder etwas anderem, sind dies die Abbilder von Schuld, Angst und Unsicherheit als Grundaspekte der Persönlichkeit. Kein Geld oder Erfolg der Welt können diese Grundprobleme des Seins lösen; nur die intime Nähe zum Selbst führt wahre Heilung herbei. Und wenn man im Wissen vom wahren Selbst verwurzelt ist, wenn man wirklich und wahrhaftig sein wahres Wesen versteht – dann fühlt man sich nie mehr schuldig, ängstlich oder unsicher hinsichtlich Geld, Wohlstand und der Erfüllung von Wünschen, denn man wird erkennen, daß die Essenz allen materiellen Reichtums Lebensenergie ist, reines Potential. Und reines Potential ist identisch mit unserem eigentlichen Wesen.

Indem man immer besseren Zugang zum wahren Selbst gewinnt, erlebt man auch spontan kreative Gedanken, denn das Feld des reinen Potentials ist außerdem ein Feld der unendlichen Kreativität und des reinen Wissens. Franz Kafka, der Dichter, sagte einmal: »Du brauchst dein Zimmer gar nicht zu verlassen. Bleib an deinem Tisch sitzen und lausche. Du brauchst nicht einmal zu lauschen. Warte einfach. Du brauchst nicht einmal zu warten, lerne einfach, still zu sein, still und allein. Dann wird die Welt sich dir aus freien Stücken zur Demaskierung anbieten. Sie hat keine andere Wahl. Ekstatisch wälzt sie sich zu Deinen Füßen.«

Die Fülle des Universums – seine üppige Zurschaustellung und Vielfalt – sind ein Ausdruck des kreativen Geistes in der Natur. Je stärker man auf den Geist der Natur eingestimmt ist, um so besseren Zugang gewinnt man zu ihrer unendlichen, grenzenlosen Kreativität. Aber zunächst muß man über die Unruhe des inneren Dialogs hinausgehen und sich auf jenen reichen, üppigen, unendlichen, kreativen Geist einstimmen. Dann schafft man die Möglichkeit dynamischer Aktivität, während man zugleich die Stille des ewigen, unbegrenzten kreativen Geistes in sich trägt.

Diese kostbare Kombination des stillen, grenzenlosen, unendlichen Geistes mit dem dynamischen, gebundenen, individuellen Geist ist das perfekte Gleichgewicht aus Stille und

Bewegung, das alles erschafft, was man will. Diese Koexistenz aus Gegensätzen – Stille und Dynamik zugleich – macht einen unabhängig von Situationen, Umständen, Menschen und Dingen.

Wenn man gelassen diese kostbare Koexistenz der Gegensätze anerkennt, stimmt man sich auf die Welt der Energie ein – die Quantenmasse, das nichtmaterielle Nichts, die Quelle der materiellen Welt. Diese Welt der Energie ist flüssig, dynamisch, widerstandsfähig, wechselnd, in ständiger Bewegung. Doch gleichzeitig ist sie unveränderlich, still, gelassen, ewig und ruhig.

Stille allein ist das Potential für Kreativität; Bewegung allein ist Kreativität, die auf einen bestimmten Aspekt ihres Ausdrucks begrenzt ist. Doch die Kombination aus Bewegung und Stille ermöglicht einem, die Kreativität in allen Richtungen zu entfesseln – gleich, wohin die Macht der Aufmerksamkeit einen leitet.

Und gleich, wohin du mitten in der Bewegung und Aktivität gehst, du trägst die Stille in dir. Dann wird die chaotische Bewegung ringsum niemals deinen Zugang zum Sammelbecken der Kreativität überschatten, zum Feld des reinen Potentials.

Die Anwendung des Gesetzes des reinen Potentials

Ich bringe das Gesetz des reinen Potentials zur Anwendung, indem ich mir vornehme, die folgenden Schritte zu unternehmen:

1. Ich trete in Kontakt mit dem Feld des reinen Potentials, indem ich mir jeden Tag die Zeit nehme, zu schweigen und einfach nur zu sein. Ich werde mindestens zweimal täglich allein in stille Meditation versinken, dreißig Minuten am Morgen und dreißig Minuten am Abend.

2. Ich werde mir jeden Tag die Zeit nehmen, mich auf die Natur einzustimmen und in aller Ruhe die Intelligenz in allem Lebendigen zu bezeugen. Ich werde still einen

Sonnenuntergang betrachten, dem Meer oder einem Fluß lauschen oder einfach an einer Blume riechen. In der Ekstase meiner eigenen Stille und durch die Einstimmung in die Natur genieße ich den Lebenspuls der Ewigkeit, das Feld des reinen Potentials und grenzenloser Kreativität.

3. Ich werde mich in Vorurteilslosigkeit üben. Ich werde meinen Tag mit der Aussage beginnen: »Heute werde ich nichts beurteilen, was mir zustößt« und mir dies den ganzen Tag über ins Gedächtnis rufen.

2

Das Gesetz des Gebens

❧

Im Universum herrscht ein dynamischer Aus-
tausch … Geben und Empfangen sind zwei
verschiedene Aspekte des Energieflusses
im Universum.

Mit unserer Bereitschaft, das zu geben, was wir
selbst suchen, erreichen wir, daß die Fülle des
Universums durch unser Leben strömt.

❧

Du leerst dieses kostbare Gefäß immer wieder,
und immer wieder füllst du es mit frischem
Leben. Mit der kleinen Weidenflöte, die du
über Berg und Tal getragen hast, hauchtest du
Melodien, die ewig neu waren ... Deine un-
endlichen Gaben gelangen nun in meine klei-
nen Hände. Zeitalter vergehen, und immer
noch ergießt du dich, und immer noch ist mehr
Raum da, der gefüllt werden will.

Rabindranath Tagore, Gitanjali

Das zweite geistige Gesetz des Erfolgs ist das Gesetz des Gebens. Man könnte es auch das Gesetz von Geben und Annehmen nennen, denn das Universum lebt von diesem dynamischen Austausch. Nichts ist statisch. Der Körper befindet sich in einem dynamischen, ständigen Austausch mit dem Körper des Universums. Der Geist interagiert dynamisch mit dem Geist des Kosmos. Ihre Energie ist ein Ausdruck kosmischer Energie.

Der Strom des Lebens ist nichts anderes

als die harmonische Interaktion aller Elemente und Kräfte, die das Feld der Existenz strukturieren. Diese harmonische Interaktion aller Elemente und Kräfte in einem Leben drückt sich als *Gesetz des Gebens* aus. Da sich Körper, Geist und Universum in einem ständigen, dynamischen Austausch befinden, hat das Unterbrechen dieses Energiekreislaufes den gleichen Effekt wie ein Stillstand des Blutkreislaufes. Immer, wenn Blut nicht mehr frei fließen kann, wird es klumpig, gerinnt und stagniert. Daher muß man geben und annehmen, damit Reichtum und Wohlstand und alles andere, was man sich im Leben wünscht, frei strömen können.

Wohlstand ist stets ein fließender Prozeß. Dieses Fließen drückt sich auch in dem Wort Überfluß aus, bei dem alles Gute in reichhaltiger Fülle strömt. Geld ist eigentlich ein Symbol der Lebensenergie, die wir austauschen und nutzen, weil wir dem Universum Dienste erweisen. Ein englischer Ausdruck für Geld ist »currency«, vom lateinischen »currere« ab-

stammend. Wiederum bedeutet es nichts weiter als »fließen«.

Wenn wir daher den Kreislauf von Geld
unterbrechen – wenn unsere einzige Absicht
darin besteht, unser Geld festzuhalten und zu
horten –, wird es, da es ja Lebensenergie ist,
aufhören, weiter durch unser Leben zu strömen. Damit uns diese Energie zufließt, müssen wir den Kreislauf aufrechterhalten. Geld
muß wie ein Fluß immer fließen, denn sonst
stagniert es, verklumpt und erstickt an der eigenen Lebenskraft. Nur der Kreislauf erhält
diesen Fluß lebendig und kräftig.

Jede Beziehung besteht aus Geben und
Annehmen. Geben erzeugt Annehmen, und
Annehmen erzeugt Geben. Was unten ist,
wird oben sein, was fortgeht, muß zurückkom-
men. Geben ist tatsächlich das gleiche wie Annehmen, denn Geben und Annehmen sind
nur verschiedene Aspekte des gleichen Energieflusses im Universum. Und wenn man diesen Fluß aufhält, greift man in die Intelligenz
der Natur ein.

In jedem Samenkorn liegt das Versprechen von Tausenden von Wäldern. Aber man darf den Samen nicht horten. Er muß seine Intelligenz an einen fruchtbaren Boden weitergeben. Durch diese Gabe fließt die unsichtbare Energie in eine materielle Manifestation.

Je mehr man gibt, um so mehr wird man empfangen, denn man hält den Überfluß des Universums damit aufrecht. Alles, was im Leben einen Wert hat, vervielfacht sich, wenn man es gibt. Was sich durch Geben nicht vervielfacht, ist weder die Gabe wert noch das Empfangen. Wenn man beim Akt des Gebens das Gefühl hat, etwas zu verlieren, ist es nicht wahrhaft geschenkt und wird nicht wachsen. Wenn man grollend gibt, steckt keine Energie in dem Geschenk. Am wichtigsten ist daher die Absicht, die hinter Geben und Annehmen steckt. Die Absicht sollte sein, daß man für den Gebenden und Nehmenden Glück erzeugt, denn Glück ist lebensstützend und lebenserhaltend und vermehrt sich. Der Gegenwert steht in proportionalem Verhältnis zum

Geben, solange es bedingungslos geschieht und von Herzen kommt. Daher sollte der Akt des Schenkens ein freudiger sein. Man sollte so eingestimmt sein, daß man sich über den bloßen Akt des Gebens freut. Dann vermehrt sich die Energie hinter der Gabe viele Male.

Die Anwendung des *Gesetzes des Gebens* ist eigentlich sehr einfach: Wenn man Freude wünscht, gibt man anderen Freude, wenn man Liebe will, sollte man lernen, Liebe zu geben. Wenn man Aufmerksamkeit und Zuwendung möchte, sollte man Aufmerksamkeit und Zuwendung geben. Wenn man materiellen Wohlstand will, so hilft man anderen, materiell wohlhabend zu werden. Der leichteste Weg, das zu erreichen, was man will, besteht darin, anderen zu helfen, das zu bekommen, was sie wollen. Dieses Prinzip funktioniert für Individuen, Firmen, Gesellschaften und Nationen gleichermaßen. Wenn man mit allen guten Dingen des Lebens gesegnet sein will, sollte man lernen, alle anderen Menschen mit den guten Dingen des Lebens zu segnen.

Schon der Gedanke an Schenken, der Gedanke an Segnung oder ein einfaches Gebet hat die Kraft, auf andere einzuwirken. Denn der Körper, auf seinen grundsätzlichen Zustand reduziert, ist ein konzentriertes Bündel aus Energie und Informationen in einem Universum aus Energie und Information. Wir sind konzentrierte Bündel aus Bewußtsein in einem bewußten Universum. Das Wort »Bewußtsein« beinhaltet aber noch mehr als bloß Energie und Information – sondern Energie und Information, die als Gedanken lebendig sind. Daher sind wir Bündel von Gedanken in einem denkenden Universum. Und Gedanken haben die Macht, zu verwandeln.

Das Leben ist der ewige Tanz des Bewußtseins, der sich als dynamischer Austausch von Intelligenz-Impulsen zwischen Mikrokosmos und Makrokosmos ausdrückt, zwischen dem menschlichen Körper und dem universalen Körper, zwischen dem menschlichen Geist und dem kosmischen Geist.

Wenn man lernt, das zu geben, was man

sucht, aktiviert und gestaltet man den Tanz in präzisen, energischen, lebenskräftigen Bewegungen, die den ewigen Puls des Lebens darstellen.

❧

Der beste Weg, das *Gesetz des Gebens* praktisch umzusetzen – den Prozeß des Kreislaufs in Gang zu bringen –, besteht darin, daß man jedesmal, wenn man Kontakt mit einem anderen Menschen hat, die Entscheidung trifft, ihm etwas zu geben. Dies braucht keine materielle Gestalt anzunehmen, sondern könnte eine Blume sein, ein Kompliment oder ein Gebet. Am stärksten wirkt ohnehin das Geben von nichtmateriellen Dingen. Die Geschenke von Zuwendung, Aufmerksamkeit, Wertschätzung und Liebe sind die kostbarsten Geschenke, die man sich vorstellen kann, und sie kosten nichts. Wenn man jemandem begegnet, kann man ihn oder sie still segnen und ihnen Glück, Freude und Humor wünschen. Solche stillen Geschenke sind sehr wirksam.

Als Kind brachte man mir bei – und ich habe es an meine Kinder weitergegeben –, daß man niemals das Haus eines anderen Menschen betritt, ohne etwas mitzubringen. Man besucht nie jemanden, ohne ein Geschenk anzubieten. Man könnte darauf entgegnen: »Wie kann ich anderen geben, wenn ich momentan nicht genug für mich selbst habe?« Doch man kann eine Blume mitbringen. Eine einzelne Blume. Man kann auch eine Karte oder einen Brief mitbringen, in dem etwas über die Gefühle steht, die man für die besuchte Person empfindet. Man kann ein Kompliment machen. Man kann ein Gebet schenken.

Fassen Sie den Entschluß, immer zu geben, wenn man irgendwohin geht oder wenn man jemanden besucht. Solange man gibt, wird man auch empfangen. Je mehr man gibt, um so stärkeres Vertrauen wird man in die wundersame Wirkung dieses Gesetzes entwickeln. Und wenn man selbst mehr empfängt, wächst die Fähigkeit, zu schenken.

Unser wahres Wesen ist zu Wohlstand und Überfluß fähig. Wir sind natürlicherweise wohlhabend, denn die Natur erfüllt uns jeden Wunsch und jede Notwendigkeit. Es fehlt uns an nichts, denn unser wahres Wesen ist eines von reinem Potential und unendlichen Möglichkeiten. Daher sollte man sich stets bewußt sein, daß man bereits von innen heraus wohlhabend ist, ganz gleich, wie viel oder wenig Geld man besitzt. Denn die Quelle von allem Reichtum ist das Feld des reinen Potentials, das Bewußtsein, welches weiß, wie man sich jedes Bedürfnis erfüllt, auch Freude, Liebe, Lachen, Frieden, Harmonie und Wissen. Wenn man diese Dinge zuallererst anstrebt, und nicht nur für sich, sondern auch für andere, dann fällt einem alles Weitere von selbst zu.

Anwendung des Gesetzes vom Geben

Ich bringe das Gesetz des Gebens zur Anwendung, indem ich mir vornehme, die folgenden Schritte zu unternehmen:

1. Gleich, wohin ich gehe und wem ich begegne, ich werde ein Geschenk mitbringen. Dieses Geschenk könnte ein Kompliment sein, eine Blume oder ein Gebet. Heute werde ich jedem etwas schenken, dem ich begegne, und so beginne ich den Kreislauf aus Freude, Wohlstand und Überfluß in meinem Leben und im Leben anderer.

2. Ich werde heute dankbar alle Geschenke empfangen, die das Leben mir bietet. Ich werde die Geschenke der Natur anneh-

men, Sonne und den Vogelgesang, den Frühlingsregen oder den ersten Schnee des Winters. Ich werde auch offen für Geschenke von anderen sein, ob es sich dabei um materielle Gaben handelt, um Geld, ein Kompliment oder ein Gebet.

3. Ich werde mich verpflichten, den Kreislauf der Fülle in meinem Leben aufrechtzuhalten, indem ich die kostbarsten Geschenke des Lebens weitergebe und empfange: die Gaben der Zuwendung, der Zuneigung, der Wertschätzung und der Liebe. Jedesmal, wenn mir jemand begegnet, werde ich ihm in der Stille Glück, Freude und Lebenslust wünschen.

3

Das Gesetz des »Karmas«
oder von
Ursache und Wirkung

❧

*Jede Handlung erzeugt einen Energie-Impuls,
der uns das gleiche wiedergibt … Wir ernten,
was wir säen.*

*Und wenn wir Handlungen wählen, die anderen
Glück und Erfolg bringen, dann ist die Ernte
unseres Karmas Glück und Erfolg.*

❧

Karma ist die ewige Bestätigung der mensch-
lichen Freiheit ...
Unsere Gedanken, unsere Worte und Taten
sind die Fäden in einem Netz, das wir uns um-
hängen.

Swami Vivekananda

D as dritte geistige Gesetz des Erfolgs ist
das *Gesetz des Karmas.* »Karma« bedeutet hier sowohl Handlung wie auch die Folgen
dieser Handlungen; es ist Ursache und Wirkung zugleich, denn jede Handlung erzeugt
einen Energie-Impuls, der uns gleiches wiedergibt. Das Gesetz des Karmas ist uns nicht
unbekannt. Jeder kennt das Sprichwort: »Wir
ernten, was wir säen.« Offensichtlich müssen
wir lernen, wie man die Samen des Glücks aus-
streut, wenn wir in unserem Leben Glück genießen wollen. Daher bedeutet Karma die Handlung, bewußt eine Entscheidung zu treffen.

Jeder Mensch ist grundsätzlich in der Lage, unbegrenzt Entscheidungen zu treffen. In

jedem Moment unserer Existenz stehen wir in jenem Feld aller Möglichkeiten und haben Zugang zu einer unendlichen Zahl von Entscheidungen. Einige dieser Entscheidungen werden bewußt getroffen, andere eher unbewußt. Doch man versteht und nutzt das karmische Gesetz am besten, indem man sich der Entscheidungen bewußt wird, die man in jedem Augenblick trifft.

Ob einem das nun gefällt oder nicht, alles, was in diesem Augenblick geschieht, ist die Folge von Entscheidungen, die man irgendwann vorher im Leben getroffen hat. Leider treffen viele Menschen diese Entschlüsse unbewußt, und daher hält man sie nicht für Entscheidungen – doch genau das sind sie.

Wenn ich Sie beleidigte, würden Sie sich höchstwahrscheinlich entscheiden, sich beleidigt zu fühlen. Wenn ich Ihnen ein Kompliment machte, würden Sie sich höchstwahrscheinlich entscheiden, sich zu freuen oder sich geschmeichelt zu fühlen. Gleichwie, es handelt sich stets um eine Entscheidung.

Aber ich könnte Sie beleidigen und ärgern, und Sie könnten sich entscheiden, sich nicht beleidigt zu fühlen. Ich könnte Ihnen ein Kompliment machen, und Sie träfen die Entscheidung, sich davon nicht umschmeicheln zu lassen.

Mit anderen Worten, die meisten Menschen – zwar alle zu unendlich vielen Entscheidungen fähig – sind zu wahren Bündeln konditionierter Reflexe geworden, die ständig von anderen Menschen und Umständen ausgelöst werden und ihr Verhalten vorhersehbar machen. Diese konditionierten Reflexe sind wie die der Pawlowschen Hunde, die jedesmal zu sabbern begannen, wenn eine Glocke ertönte, weil man sie vorab bei diesem Geräusch stets gefüttert hatte.

Die meisten Menschen haben als Folge einer solchen Konditionierung wiederholte und vorhersehbare Reaktionen auf Umweltreize. Unsere Reaktionen scheinen automatisch durch Menschen und Umstände ausgelöst zu werden, und wir vergessen, daß es sich immer noch in jedem Augenblick unserer Existenz um Entscheidungen handelt. Nur treffen wir diese Entscheidungen oft unbewußt.

Wenn man sich einen Moment Zeit nimmt und die Entscheidungen betrachtet, die man in solchen Fällen trifft, dann hebt man mit dieser Einstellung allein schon den gesamten Prozeß aus dem Bereich des Unbewußten heraus und verlagert ihn ins Bewußtsein. Dieser Prozeß der bewußten Entscheidungen und des Darüber-Nachdenkens gibt einem sehr viel Kraft.

Wenn man irgendeine beliebige Entscheidung trifft, kann man sich zwei Dinge fragen. Erstens: Wie sehen die Folgen dieser Entscheidung aus, die ich getroffen habe? Tief drinnen weiß man darauf sofort die Antwort. Zweitens: Wird diese Entscheidung mir und anderen Menschen in meiner Umgebung Glück bringen? Wenn die Antwort darauf ja lautet, sollte man die getroffene Entscheidung auch durchführen. Wenn die Antwort nein lautet, wenn diese Entscheidung entweder

Ihnen oder den Menschen in Ihrer Umgebung Ärger bringt, dann sollte man diese Entscheidung nicht treffen. So einfach ist das.

Es gibt immer nur eine Entscheidung in der Fülle der in jeder Sekunde zur Verfügung stehenden Auswahl, die für Sie wie auch die Menschen in Ihrer Umgebung Glück bringt. Und wenn man stets diese eine Entscheidung trifft, wird sich daraus ein Verhalten entwickeln, das man spontanes richtiges Handeln nennt. Es ist die richtige Reaktion auf jede Situation. Es ist die Aktion, die Sie und alle anderen erfüllt, die von dieser Handlung beeinflußt werden.

Es gibt den interessanten Mechanismus, womit das Universum einem hilft, spontan richtige Entscheidungen zu treffen. Dieser Mechanismus hat mit den Empfindungen im Körper zu tun. Der Körper erlebt zwei Arten von Empfindungen: die Empfindung von Wohltat und die Empfindung von Unbehagen. In dem Augenblick, in dem man eine bewußte Entscheidung trifft, sollte man auf seinen

Körper achten und ihn fragen: »Was geschieht, wenn ich diese Entscheidung treffe?« Wenn der Körper ein Signal von Wohlbehagen aussendet, handelt es sich um die richtige Entscheidung. Schickt er aber ein Zeichen von Unbehagen, handelt es sich nicht um die angemessene Entscheidung.

Für einige Menschen spielen sich die Empfindungen von Wohlbehagen und Unbehagen im Bereich des Solarplexus ab, bei den meisten aber in der Herzgegend. Man sollte bewußt seine Aufmerksamkeit auf das Herz richten und es fragen, was man tun soll. Dann wartet man auf eine Reaktion – eine körperliche Reaktion in Form einer Empfindung. Vielleicht ist es nur eine sehr schwache Empfindung, aber sie ist da, im eigenen Körper.

Nur das Herz kennt die richtige Antwort. Viele Menschen halten das Herz für ein verschwommenes, sentimentales Organ, aber das ist es nicht. Das Herz ist intuitiv, es ist ganzheitlich, das Herz sieht alles im Kontext. Es zieht Beziehungen in Betracht. Es kennt keine Rivalität. Das Herz ist mit dem kosmischen Computer verbunden, dem Feld des reinen Potentials, des reinen Wissens, und von unbegrenzter Wirkungskraft. Manchmal scheint das Herz nicht sehr vernünftig, aber es hat eine Verarbeitungskapazität, die viel genauer und besser angepaßt ist als alles im Bereich des rationalen Denkens.

Man kann das *Gesetz des Karmas* anwenden, um Geld und Wohlstand zu schaffen und alle guten Dinge im Leben, die man sich wünscht. Doch zuerst muß man sich der Tatsache bewußt werden, daß die Zukunft von den Entscheidungen beeinflußt wird, die man in jedem Augenblick des Lebens trifft. Wenn man das regelmäßig beachtet, nutzt man das *Gesetz des Karmas* voll aus. Je mehr man seine Entscheidungen auf die Ebene der bewußten Wahrnehmung bringt, um so eher wird man solche Entscheidungen treffen, die spontan richtig sind – für Sie selbst wie auch die Menschen in Ihrer Umgebung.

Wie steht es nun mit vergangenem Karma, und wie beeinflußt dieses das Heute? Man kann drei Dinge hinsichtlich des früheren Karmas unternehmen. Das erste ist, karmische Schulden zu bezahlen. Die meisten Menschen entscheiden sich hierzu – aber natürlich unbewußt. Auch Sie treffen vielleicht diese Entscheidung. Manchmal ist die Begleichung alter Schulden mit viel Leid verbunden, aber das *Gesetz des Karmas* besagt, daß keine Schuld im Universum unbeglichen bleibt. In diesem Universum herrscht ein perfektes Buchhaltungssystem, und alles ist ein ständiges Hin und Her, ein Austausch von Energie.

Als zweites kann man das Karma zu einer wünschenswerteren Erfahrung umgestalten oder verwandeln. Das ist ein sehr interessanter Prozeß, bei dem man sich fragt, wenn man seine karmische Schuld begleicht: »Was kann ich aus dieser Erfahrung lernen? Warum passiert dies, und welche Botschaft gibt mir das Universum? Wie kann ich diese Erfahrung für meine Mitmenschen nutzbar machen?«

Dabei sucht man das Samenkorn der Möglichkeiten und verbindet dieses Samenkorn mit dem Dharma, dem Sinn des Lebens, über den wir im Siebten Spirituellen Gesetz des Erfolgs sprechen werden. Dies ermöglicht einem, das Karma in eine neue Erfahrung umzuwandeln.

Wenn man sich zum Beispiel beim Sport ein Bein bricht, fragt man sich vielleicht: »Was kann ich aus dieser Erfahrung lernen? Was will mir das Universum damit sagen?« Vielleicht lautet die Botschaft, daß man etwas kürzer treten und beim nächsten Mal vorsichtiger und körperbewußter sein soll. Und wenn es Ihr Dharma ist, anderen beizubringen, was man selbst weiß, dann fragt man sich: »Wie kann ich diese Erfahrung für meine Mitmenschen nutzbar machen?« Und man entschließt sich vielleicht, anderen das mitzuteilen, was man gelernt hat, indem man über Sicherheitsvorkehrungen im Sport ein Buch schreibt. Man könnte auch einen Spezialschuh oder eine Beinstütze entwerfen, die diese Art von

Verletzung verhindert, die man gerade erlitten hat.

Während man so seine karmische Schuld begleicht, verwandelt man gleichzeitig einen Nachteil in einen Vorteil, der einem Reichtum und Erfüllung bringen kann. Das ist dann die Verwandlung des Karmas in eine positive Erfahrung. Man ist sein Karma nicht wirklich losgeworden, aber kann eine karmische Episode zu einem völlig neuen und positiven Karma umformen.

Als drittes kann man versuchen, das Karma zu transzendieren. Ein Karma transzendieren bedeutet, davon unabhängig zu werden. Man transzendiert das Karma, indem man die Lücke erfährt, das Selbst, den Geist. Es ist, als würde man ein schmutziges Stück Wäsche in einem klaren Bach waschen. Jedesmal, wenn man es wäscht, bringt man ein paar Flecken mehr heraus. Man wäscht es immer wieder, und jedesmal wird es etwas sauberer. Man wäscht oder transzendiert die Samen des Karmas, indem man sich in die Lücke begibt und

wieder herauskommt. Dies geschieht natürlich mit der Praxis der Meditation. Alle Handlungen sind karmische Episoden. Eine Tasse
Kaffee trinken ist eine karmische Episode.
Diese Handlung erzeugt eine Erinnerung,
und eine Erinnerung hat die Fähigkeit oder
das Potential, einen Wunsch zu erzeugen.
Und Wünsche erzeugen wiederum Handlungen. Die Seele ist ein Bündel Bewußtsein, das
die Samen von Karma, Erinnerung und Wünschen in sich trägt. Indem man sich dieser Sa-
menkörner für Manifestation bewußt wird, erzeugt man bewußte Realität. Indem man bewußt Entscheidungen trifft, beginnt man
Handlungen, die für einen selbst und die Mitmenschen evolutionär sind.

Solange das Karma für das Selbst und alle
vom Selbst Betroffenen evolutionär ist, sind
die Früchte des Karmas Glück und Erfolg.

Die Anwendung des Gesetzes des Karmas oder von Ursache und Wirkung

Ich bringe das Gesetz vom Karma zur Anwendung, indem ich mich verpflichte, die folgenden Schritte zu unternehmen:

1. Ich werde heute die Entscheidungen beobachten, die ich in jedem Augenblick fälle. Und mit der bloßen Beobachtung bringe ich sie in meine bewußte Wahrnehmung. Ich weiß, daß der beste Weg, mich auf jeden Moment der Zukunft vorzubereiten, darin besteht, voll bewußt in der Gegenwart zu leben.

2. Immer wenn ich eine Entscheidung treffe, stelle ich mir zwei Fragen: »Wie sehen die Folgen dieser Entscheidung aus, die ich

gerade treffe?« und: »Bringt diese Entscheidung für mich und jene, die davon be-
troffen sind, Erfüllung und Glück?«

3. Dann frage ich mein Herz um Rat und las-
se mich von seinen Zeichen für Wohlbehagen oder Unbehagen leiten. Wenn die Entscheidung sich gut anfühlt, werde ich sie
bedingungslos treffen. Wenn die Entscheidung sich unangenehm anfühlt, werde ich
innehalten und die Folgen meiner Handlung vor dem inneren Auge durchgehen.
Diese Anleitung befähigt mich, spontan
richtige Entscheidungen für mich und alle
anderen in meiner Umgebung zu treffen.

4

Das Gesetz
des geringsten Aufwandes

ॐ

*Die Intelligenz der Natur funktioniert
mühelos und mit Leichtigkeit ..., sorglos,
harmonisch und liebevoll.*

*Und wenn wir die Kräfte der Harmonie,
der Freude und der Liebe einsetzen,
erzeugen wir Erfolg und Glück mühelos
und mit großer Leichtigkeit.*

ॐ

Ein integriertes Wesen weiß, ohne irgendwo-
hin zu gehen, sieht, ohne hinzublicken, und
hat Erfolg ohne eigenes Zutun.

Lao Tsu

Das vierte geistige Gesetz des Erfolgs ist das *Gesetz des geringsten Aufwandes.* Dieses Gesetz beruht auf der Tatsache, daß die Intelligenz der Natur mühelos, mit Leichtigkeit und absoluter Sorglosigkeit funktioniert. Es handelt sich um das Prinzip des geringsten Aufwandes und des geringsten Widerstandes und von daher um das Prinzip der Harmonie und der Liebe. Wenn wir diese Einstellung von der Natur übernehmen, können wir all unsere Wünsche leicht erfüllen.

Wenn man die Natur genau beobachtet, erkennt man, daß nur der geringste Aufwand getrieben wird. Gras strengt sich nicht an, um zu wachsen; es wächst einfach. Fische geben sich keine besondere Mühe, zu schwimmen, sie schwimmen einfach. Blumen versuchen nicht, zu blühen, sie blühen. Vögel geben sich keine sonderliche Mühe, zu fliegen, sie fliegen. Es liegt in ihrer Natur. Die Erde strengt sich auch nicht sehr an, sich um die eigene Achse zu drehen, denn es liegt in der Natur unseres Planeten, sich schwindelerregend um sich selbst zu drehen und durch den Weltraum zu wirbeln. Der Zustand von Glückseligkeit liegt in der Natur von Säuglingen. Es liegt in der Natur der Sonne, zu scheinen. Es liegt in der Natur der Sterne, zu funkeln und zu glänzen. Und es liegt in der Natur des Menschen, Träume mühelos und leicht in körperlich manifeste Form zu bringen.

Der vedischen Philosophie zufolge, jener uralten Weisheit Indiens, ist dieses Prinzip als Prinzip der Ökonomie oder der Mühe bekannt. »Tu weniger und erreiche mehr.« Letztendlich gelangt man in einen Zustand, in dem man nichts tut und alles erreicht. Das bedeutet, es besteht zunächst nur eine sehr verschwommene Idee, und die Manifestation dieser Idee ergibt sich mühelos. Was man allgemein als »Wunder« bezeichnet, ist in Wirklichkeit Ausdruck des *Gesetzes vom geringsten Aufwand*.

Die Intelligenz der Natur vollzieht sich mühelos, reibungslos und spontan. Sie ist nichtlinear, intuitiv, ganzheitlich und positiv. Und wenn man sich in einem harmonischen Verhältnis zur Natur befindet, wenn man fest im Wissen vom eigenen, wahren Selbst verankert ruht, kann man sich *das Gesetz des geringsten Aufwandes* nutzbar machen.

Man wendet geringsten Aufwand an, wenn alle Handlungen durch Liebe angeregt werden, denn die Natur wird durch die Energie der Liebe zusammengehalten. Wenn man versucht, Macht und Kontrolle über andere Menschen zu erringen, verschwendet man Energie. Wenn man Geld und Macht anstrebt, um sein Ego zu stützen, verschwendet man Energie bei der Jagd nach einer Illusion von Glück, statt das Glück des Augenblicks zu genießen. Wenn man Geld nur für den persönlichen Vorteil will, blockiert man den Energiefluß zu

sich selbst und greift in den Ablauf der natürlichen Intelligenz ein. Aber wenn alle Handlungen durch Liebe motiviert werden, wird
keine Energie verschwendet. Wenn alle Handlungen durch Liebe motiviert werden, verviel-
fältigt sich die Energie und greift Raum – und
den Überschuß kann man sammeln und genießen und nutzen, um alles zu schaffen, was
man will, auch unbegrenzten Wohlstand.

Man kann sich den physischen Körper als
ein Werkzeug vorstellen, mit dem man Energie kontrolliert: Er kann Energie erzeugen, la-
gern und verbrauchen. Wenn man weiß, wie
man Energie wirksam erzeugt, lagert und ver-
braucht, kann man Wohlstand schaffen, wie
man will. Bei der Konzentration auf das Ego
verschwendet man die größte Energiemenge.
Wenn der innere Bezugspunkt das Ego ist,
wenn man Macht und Kontrolle über andere
Menschen anstrebt oder Anerkennung von anderen sucht, verschwendet man Energie.

Wenn diese Energie freigesetzt ist, kann
sie neu gerichtet und genutzt werden, um al-

les zu erzeugen, was man will. Wenn der innere Bezugspunkt Ihr Geist ist, wenn man gegenüber Kritik immun ist und vor keiner Herausforderung zurückscheut, erfährt man die Macht der Liebe und kann Energie kreativ nutzen, um Wohlstand und Entwicklung zu erleben.

Don Juan sagt in *The Art of Dreaming* zu Carlos Castaneda: »... der größte Teil unserer Energie wird zur Aufrechterhaltung unserer Wichtigkeit verschwendet ... Wenn es uns gelänge, diese Wichtigkeit teilweise abzulegen, würden sich zwei ungewöhnliche Dinge ereignen. Zum einen würden wir unsere Energie freisetzen, damit sie nicht mehr die illusorische Vorstellung von unserer Großartigkeit aufrechterhalten muß. Zum anderen würden wir uns genügend Energie verschaffen, um ... einen Schimmer von der tatsächlichen Großartigkeit des Universums aufzufangen.«

❧

Das *Gesetz des geringsten Aufwandes* hat drei Komponenten – drei Dinge, die man tun kann, um dieses Prinzip des »Weniger tun und mehr erreichen« in die Tat umzusetzen. Die erste Komponente ist das *Akzeptieren.* Akzeptieren bedeutet einfach, daß man verspricht: »Heute werde ich Menschen, Situationen, Umstände und Ereignisse genauso akzeptieren, wie sie geschehen.« Das bedeutet, ich weiß, daß *dieser Augenblick genauso ist, wie er sein sollte.* Denn das gesamte Universum ist genauso, wie es sein muß. Dieser Augenblick, derjenige, den man gerade erlebt – ist der Höhepunkt aller Augenblicke, die man zuvor erlebt hat. Dieser Augenblick ist, wie er ist, weil das gesamte Universum so ist, wie es ist.

Wenn man sich gegen diesen Augenblick wehrt, wehrt man sich in Wirklichkeit gegen das gesamte Universum. Statt dessen kann man die Entscheidung treffen, daß man sich heute nicht gegen das gesamte Universum wehrt, indem man sich gegen diesen Moment sperrt. Das bedeutet, man *akzeptiert* diesen

Augenblick als vollständig und umfassend. Man akzeptiert die Dinge, wie sie *sind,* und nicht, wie man sie sich in diesem Moment wünscht. Es ist sehr wichtig, dies zu begreifen. Man kann sich *wünschen,* daß die Dinge in der Zukunft anders laufen, aber in *diesem* gegebenen Augenblick muß man die Dinge so akzeptieren, wie sie sind.

Wenn man sich durch einen Menschen oder eine Situation frustriert und geärgert fühlt, sollte man daran denken, daß man nicht auf diese Person oder Situation reagiert, sondern auf die eigenen Gefühle hinsichtlich dieser Person oder Situation. Es sind *Ihre* Gefühle, und für Ihre Gefühle können Sie niemand anders zur Rechenschaft ziehen. Wenn man das voll erkennt und versteht, ist man bereit, die Verantwortung dafür zu übernehmen, was man fühlt.

Das führt uns zur zweiten Komponente des *Gesetzes vom geringsten Aufwand*: Verantwortung. Was bedeutet Verantwortung? Verantwortung bedeutet, nicht alles und jedem die Schuld zu geben für die eigene Situation, auch nicht sich selbst. Wenn man diesen Umstand akzeptiert, dann bedeutet Verantwortung, die *Fähigkeit,* kreativ auf eine gegebene Situation zu *reagieren.* Alle Probleme enthalten ein Samenkorn von Möglichkeiten, und das Wissen darum ermöglicht es einem, den Augenblick in eine bessere Situation zu transformieren.

Wenn man das tut, wird jede ärgerliche Situation zu einer Gelegenheit, etwas Neues und Schönes zu schaffen, und jeder angebliche Quälgeist oder Tyrann wird zum Lehrer. Die Wirklichkeit ist eine Sache der Interpretation. Und wenn man sich entscheidet, die Realität auf diese Weise zu deuten, dann ist man von vielen Lehrern umgeben und erlebt viele Gelegenheiten, sich zu entwickeln.

Wann immer man vor einem Tyrannen, Quälgeist, Lehrer, Freund oder Feind (was alles ein und dasselbe ist) steht, sollte man daran denken: »Dieser Augenblick ist so, wie er sein sollte.« Gleich, welche Beziehungen man im Leben eingegangen ist, in diesem Moment sind es genau diejenigen, die man braucht. Hinter allen Ereignissen steht eine verborgene Bedeutung, und diese verborgene Bedeutung dient ... ja ist die Förderung der eigenen Entwicklung.

Die dritte Komponente des *Gesetzes vom geringsten Aufwand* ist Widerstandslosigkeit. Das bedeutet, daß Ihr Bewußtsein verwurzelt ist in Wehrlosigkeit und Sie das Bedürfnis aufgegeben haben, andere von Ihrem eigenen Standpunkt zu überzeugen oder zu überreden. Wenn man seine Mitmenschen beobachtet, erkennt man, daß sie neunundneunzig Prozent der Zeit damit zubringen, ihren Standpunkt zu verteidigen. Wenn man einfach das Bedürfnis aufgibt, seinen eigenen Standpunkt zu verteidigen, gewinnt man Zugang zu ungeahnten Energiemengen, die zuvor verschwendet wurden.

Wenn man defensiv wird, stets anderen die Schuld zuschiebt und nicht den jeweiligen Augenblick akzeptiert und sich ihm hingibt, stößt man im Leben auf Widerstände. Jedes Mal, wenn man auf Widerstand stößt, sollte man sich in Erinnerung rufen, daß dieser Widerstand nur zunimmt, wenn man eine Situation erzwingen will. Man will ja nicht starr wie eine alte Eiche dastehen, die im nächsten Sturm zerbricht und stürzt. Man will lieber flexibel sein, wie ein Schilfrohr, das sich mit dem Sturm biegt und überlebt.

Man sollte es völlig aufgeben, seinen Standpunkt zu verteidigen. Ohne einen Standpunkt läßt man das Entstehen eines Streits gar nicht erst zu. Wenn man diese Haltung fortwährend einnimmt – wenn man nicht mehr kämpft und sich wehrt –, erlebt man die Gegenwart voller, und das ist ein Geschenk. Jemand hat mir einmal gesagt: »Die Vergangenheit ist Geschichte, die Zukunft ein Geheimnis, und dieser Augenblick ist ein Geschenk. Daher nennen wir den jeweiligen Augenblick der Gegenwart auch Präsenz – wie ein Präsent, ein Geschenk.

Wenn man die Gegenwart voll annimmt,

mit ihr eins wird und verschmilzt, erlebt man ein Feuer, ein Glühen, einen Funken der Ekstase in jedem fühlenden Lebewesen. Wenn man diesen Überschwang des Geistes in allem Lebendigen erfährt, wird auch Freude in einem selbst geboren, und man wirft alle drückenden Lasten und Begrenzungen, die durch Trotz, Groll und Verletzungen entstanden sind, ab. Erst dann wird man leichtherzig, sorglos, freudig und frei.

In dieser freudigen, schlichten Freiheit erkennt man ohne jeden Zweifel im Herzen, daß alles, was man will, immer zur Verfügung steht. Denn die Bedürfnisse entstammen nun der Ebene des Glücks, nicht einer Ebene von Angst und Furcht. Man braucht nichts zu rechtfertigen, man erklärt sich einfach selbst seine Absicht und erlebt in jedem Augenblick Erfüllung, Entzücken, Freude, Freiheit und Autonomie.

Man verspricht sich selbst, den Weg der Widerstandslosigkeit zu gehen. Es ist der Weg, durch den sich die Intelligenz der Natur spontan entfaltet, ohne Reibungen oder Mühen. Wenn man die kostbare Kombination von Akzeptieren, Verantwortung und Widerstandslosigkeit erreicht, erlebt man, wie das Leben mühelos und leicht fließt.

Wenn man für alle Standpunkte offen bleibt – und sich niemals starr an nur einen klammert –, werden die Träume und Wünsche im Einklang mit den Wünschen der Natur fließen. Dann kann man seine Absichten ohne Bindung freisetzen und einfach auf den angemessenen Zeitpunkt warten, an dem alle Wünsche zur Realität aufblühen. Man kann sicher sein, daß sie sich manifestieren, wenn der richtige Zeitpunkt gekommen ist. Das ist das *Gesetz des geringsten Aufwandes.*

Die Anwendung des Gesetzes vom geringsten Aufwand

Ich werde das *Gesetz des geringsten Aufwandes* zur Anwendung bringen, indem ich
mir vornehme, die folgenden Schritte zu unternehmen.

1. Ich werde mich in *Akzeptanz* üben. Ich
   werde heute alle Menschen, Situationen,
   Umstände und Ereignisse so hinnehmen,
   wie sie geschehen. Ich weiß, *daß dieser Augenblick genau so ist, wie er sein sollte*,
   denn das gesamte Universum ist so, wie es
   sein soll. Ich werde mich nicht gegen das
   gesamte Universum sperren, indem ich
   mich gegen diesen Augenblick sperre. Mein
   Akzeptieren ist vollständig und umfassend.
   Ich akzeptiere die Dinge, wie sie in diesem

Augenblick sind, und nicht, wie ich sie mir wünsche.

2. Wenn ich die Dinge so akzeptiert habe, wie sie sind, werde ich *Verantwortung* für meine Situation übernehmen und für alle diejenigen Ereignisse, die ich als Probleme betrachte. Ich weiß, daß die Übernahme von Verantwortung nicht bedeutet, anderen Menschen oder Ereignissen die Schuld für meine Situation zu geben (auch nicht mir selbst). Ich weiß auch, daß jedes Problem eine versteckte Gelegenheit ist, und die Wachsamkeit gegenüber solchen Gelegenheiten ermöglicht es mir, diesen Augenblick zu größerem Vorteil umzuwandeln.

3. Mein Bewußtsein wird heute in Widerstandslosigkeit verwurzelt sein. Ich werde das Bedürfnis aufgeben, meinen Standpunkt zu verteidigen. Ich werde kein Bedürfnis spüren, andere zu überzeugen oder zu überreden, meinen Standpunkt anzuneh-

men. Ich bleibe gegenüber allen Standpunkten offen und klammere mich nicht starr an einen einzelnen.

5

Das Gesetz von Absicht und Wunsch

❧

*In jeder Absicht und in jedem Wunsch liegt der
Weg zu deren Erfüllung bereits angelegt …
Absicht und Wunsch haben im Feld
des reinen Potentials
eine grenzenlos wirksame Kraft.*

*Und wenn wir eine Absicht auf den fruchtbaren
Boden des reinen Potentials fallen lassen,
setzen wir diese grenzenlos wirksame Kraft
für uns in Gang.*

❧

Am Anfang stand der Wunsch, das erste
Samenkorn eines denkenden Geistes; kluge
Menschen, die in ihrem Herzen meditierten,
haben durch ihre Weisheit die Verbindung des
Existenten mit dem Nichtexistenten entdeckt.

Schöpfungshymne, Rigveda

Das fünfte geistige Gesetz des Erfolgs ist das *Gesetz von Absicht und Wunsch.* Dieses Gesetz beruht auf der Tatsache, daß Energie und Information überall in der Natur existieren. Im Grunde genommen, ist auf dem Niveau des Quantenfeldes nur Energie und Information. Das Quantenfeld ist bloß eine andere Bezeichnung für das Feld des reinen Bewußtseins oder reinen Potentials. Und dieses Quantenfeld wird durch Absichten und Wünsche beeinflußt. Betrachten wir diesen Prozeß einmal genauer.

Wenn man eine Blüte, einen Regenbogen, einen Baum, einen Grashalm oder einen menschlichen Körper in ihre Grundbestandteile zerlegt, erhält man Energie und Information. Das gesamte Universum ist seiner grundlegenden Natur nach die *Bewegung* von Energie und Information. Der einzige Unterschied zwischen einem Menschen und einem Baum ist der Informations- und Energiegehalt des jeweiligen Körpers.

Auf der materiellen Ebene bestehen Sie und der Baum aus den gleichen wiederaufbereitbaren Elementen – hauptsächlich Kohlenstoff, Wasserstoff, Sauerstoff, Nitrogene und andere Spurenelemente. Man könnte diese Elemente für ein paar Mark in einem Chemielabor kaufen. Der Unterschied zwischen Ihnen und einem Baum ist daher nicht der Kohlenstoff, der Wasserstoff oder der Sauerstoff. Man tauscht vielmehr ständig mit dem Baum Kohlenstoff und Sauerstoff aus. Der wahre Unterschied besteht vielmehr in der Energie und der Information.

Im großen Plan der Natur sind Sie und ich privilegierte Exemplare. Wir haben ein Nervensystem, das fähig ist, sich des Energie- und

Informationsgehaltes jenes lokalisierten Feldes *bewußt* zu werden, das unseren Körper entstehen läßt. Wir erleben dieses Feld subjektiv als unsere Gedanken, Gefühle, Empfindungen, Wünsche, Erinnerungen, Instinkte, Triebe und Absichten. Dieses gleiche Feld wird objektiv als physischer Körper erlebt – und durch den physischen Körper erleben wir dieses Feld als die Welt. Aber eigentlich ist alles das gleiche Material. Daher riefen die antiken Seher aus: »Ich bin jenes, du bist jenes, all dies ist jenes, und es gibt nur jenes.«

Der menschliche Körper ist nicht vom Körper des Universums abgelöst, denn auf der Quantenmechanikebene gibt es keine fest umrissenen Grenzen. Man ist eher wie ein Kräuseln, eine Welle, etwas Fluktuierendes, ein Wirbel, ein Strudel, eine örtliche Störung im größeren Quantenumfeld. Das größere Quantenfeld – das Universum – ist nur eine Ausweitung unseres Körpers.

Das menschliche Nervensystem ist in der Lage, sich der Informationen und Energie seines eigenen Quantenfeldes bewußt zu werden. Und weil das menschliche Bewußtsein aufgrund dieses wunderbaren Nervensystems über unendliche Flexibilität verfügt, ist man auch fähig, bewußt den Informationsinhalt zu ändern, der unseren Körper entstehen läßt; wir können bewußt den Energie- und Informationsgehalt des *eigenen* quantenmechanischen Körpers ändern und damit können wir auch den Energie- und Informationsgehalt des erweiterten Körpers verändern – die Umwelt und die Welt – und bewirken, daß sich Dinge dort manifestieren.

Diese bewußte Veränderung wird durch zwei Eigenschaften erzeugt, die im Bewußtsein angelegt sind: Aufmerksamkeit und Absicht. Aufmerksamkeit lädt mit Energie auf, und Absicht transformiert. Immer, wenn man seine Aufmerksamkeit auf etwas richtet, nimmt es größeren Raum im Leben ein. Wendet man seine Aufmerksamkeit davon ab, welkt es, löst sich auf und verschwindet. Absicht hingegen löst die Transformation von Energie und Information aus. Absicht erzeugt ihre eigene Erfüllung.

Absicht hat hinsichtlich des Objekts von Aufmerksamkeit die Eigenschaft, eine unendliche Zahl von Raum-Zeit-Ereignissen aufeinander abzustimmen und somit den beabsichtigten Ausgang zu erzeugen, vorausgesetzt, man folgt auch den anderen spirituellen Gesetzen des Erfolgs. Das liegt daran, daß Absicht, wenn sie auf den fruchtbaren Boden der Aufmerksamkeit fällt, grenzenlos wirksame Kräfte entwickelt. Eine grenzenlos wirksame Kraft bedeutet die Macht, eine unendliche Zahl von Raum-Zeit-Ereignissen gleichzeitig zu erzeugen. Wir sehen den Ausdruck dieser Kraft in jedem Grashalm, jeder Apfelblüte, jeder Zelle unseres Körpers. Wir sehen sie in allem, was lebt.

Nach dem Plan der Natur hängt alles mit allem zusammen und ist miteinander verbunden. Der Igel erwacht aus seinem Winterschlaf, und man weiß, der Frühling naht. Die Vögel beginnen zu einer bestimmten Jahreszeit, in eine bestimmte Himmelsrichtung zu ziehen. Die Natur ist eine Symphonie. Und diese Symphonie wird still und leise im meist elementaren Feld der Schöpfung dirigiert.

Der menschliche Körper ist ein weiteres Beispiel für diese Symphonie. Eine einzige Zelle im menschlichen Körper vollzieht in einer einzigen Sekunde etwa sechs Trillionen verschiedene Aktionen, und sie muß genau wissen, was alle anderen Zellen in genau diesem Moment tun. Der menschliche Körper kann Musik erzeugen, Bakterien ausschalten, ein Baby heranreifen lassen, ein Gedicht aufsagen und die Bewegung der Sterne messen – alles zur gleichen Zeit, weil das Feld der unendlichen Korrelation Bestandteil seines Informationsfeldes ist.

Bemerkenswert an dem Nervensystem der menschlichen Gattung ist, daß es diese grenzenlos wirksame Kraft durch bewußte Absicht steuern kann. Absichten beim Menschen sind weder starr noch in ein festes System aus Energie und Information eingesperrt. Sie sind unendlich flexibel. Mit anderen Worten, solange man die übrigen Naturgesetze nicht verletzt, kann man sie buchstäblich mit seiner Absicht beeinflussen, um sich Träume und Wünsche zu erfüllen.

Man kann den kosmischen Computer mit seiner unendlichen Steuerungskapazität für sich arbeiten lassen. Man kann zur Basis der Schöpfung vordringen und eine Absicht äußern, und durch die bloße Äußerung einer Absicht aktiviert man das Feld der unendlichen Korrelation.

Eine Absicht legt das Fundament für den mühelosen, spontanen, reibungslosen Fluß des reinen Potentials, das danach strebt, sich vom Nichtmanifesten her zu manifestieren. Man muß nur darauf achten, daß die Absichten dem Wohl der Menschheit dienen. Das aber geschieht spontan, wenn man sich in Übereinstimmung mit den sieben geistigen Gesetzen des Erfolgs befindet.

❧

Absicht ist die wahre Kraft hinter einem Wunsch. Absicht allein ist sehr stark, weil Absicht einen Wunsch ohne Bindung an den Ausgang darstellt. Wünsche allein sind schwach, denn Wünsche sind bei den meisten Menschen bloß Aufmerksamkeit verknüpft mit Bindung an das Resultat. Absicht ist ein Wunsch in strikter Befolgung aller anderen Gesetze, aber besonders des *Gesetzes des Loslassens*, des sechsten geistigen Gesetzes des Erfolgs.

Absicht in Kombination mit Loslassen führt zum unmittelbaren Bewußtsein des gegenwärtigen Augenblicks. Und wenn eine Handlung im Bewußtsein des gegenwärtigen Augenblicks begangen wird, ist sie am wirksamsten. Die *Absicht* zielt auf die Zukunft, aber die *Aufmerksamkeit* herrscht in der Gegenwart. Solange die Aufmerksamkeit in der Gegenwart verbleibt, wird sich die Absicht in der Zukunft manifestieren, denn die Zukunft wird in der Gegenwart geschaffen. Man muß die Gegenwart so akzeptieren, wie sie ist. Akzeptiere die Gegenwart und beeinflusse die Zukunft. Die Zukunft ist etwas, das man durch Absicht erschaffen kann, aber man sollte sich niemals gegen die Gegenwart sperren.

Vergangenheit, Gegenwart und Zukunft sind Eigenschaften des Bewußtseins. Die Vergangenheit ist die Erinnerung, das Gedächtnis, die Zukunft ist Erwartung. Die Gegenwart ist Bewußtsein. Daher ist Zeit die Bewegung der Gedanken. Vergangenheit wie Zukunft werden in der Vorstellung geboren; nur die Gegenwart, das Bewußtsein, ist wirklich und ewig. Es *ist*. Es ist das Potential für Raum-Zeit, Materie und Energie. Es ist ein ewiges Feld der Möglichkeiten, die sich selbst als abstrakte Kräfte erleben, ob es sich nun um Licht, Wärme, Elektrizität, Magnetismus oder Schwerkraft handelt. Diese Kräfte leben weder in der Vergangenheit noch in der Zukunft. Sie *sind* einfach.

Unsere Deutung dieser abstrakten Kräfte verleiht uns die Erfahrung konkreter Phänomene und Formen. Erinnerte Interpretationen abstrakter Kräfte erzeugen die Erfahrung der Vergangenheit, erwartete Interpretationen der gleichen abstrakten Kräfte erzeugen die Zukunft. Dies sind die Eigenschaften der Aufmerksamkeit im Bewußtsein. Wenn man diese Eigenschaften von der Last der Vergangenheit befreit, wird die Aktion in der Gegenwart zum fruchtbaren Boden für die Erzeugung der Zukunft.

Absicht, die in dieser Freiheit der Gegenwart verwurzelt ist, dient als Katalysator für die richtige Mischung aus Materie, Energie und Raum-Zeit-Ereignissen, um alles zu schaffen, was man sich wünscht.

Wenn man unmittelbares Bewußtsein vom gegenwärtigen Augenblick hat, dann lösen sich die imaginären Hindernisse – die mehr als neunzig Prozent der wahrgenommenen Hindernisse ausmachen – auf und verschwinden. Die verbleibenden fünf bis zehn Prozent wahrgenommener Hindernisse können durch gezielte Absicht in Gelegenheiten umgewandelt werden.

Gezielte Absicht ist diejenige Art von Aufmerksamkeit, die in ihrem Ziel und Zweck starr bleibt. Gezielte Absicht bedeutet, die Aufmerksamkeit mit so unbeugsamer Zielstrebigkeit auf den beabsichtigten Ausgang zu richten, daß man sich absolut weigert, seine Konzentration von Hindernissen stören und auflösen zu lassen. Alle Hindernisse werden vollständig und absolut aus dem Bewußtsein verdrängt. Man ist zu unerschütterlicher Gelassenheit fähig, bleibt aber gleichzeitig mit intensiver Leidenschaft auf das Ziel gerichtet. Es handelt sich hier gleichzeitig um die Kraft des bewußten Loslassens und der zielgerichteten, konzentrierten Absicht.

Wenn man lernt, die Kraft der Absicht nutzbar zu machen, kann man alles, was man begehrt, erschaffen. Mit Mühe und Anstrengung gewinnt man ebenfalls Resultate, aber zu einem hohen Preis. Dieser Preis heißt Streß, Herzinfarkt und ein angegriffenes Immunsystem. Es ist daher viel besser, den folgenden fünf Schritten des *Gesetzes von Absicht und*

Wunsch zu folgen. Mit der Befolgung dieser 5 Schritte zur Erfüllung Ihrer Wünsche erzeugt die Absicht ihre eigene Kraft.

1. Man gleitet in die Lücke. Das heißt, man konzentriert sich auf jenen stillen Raum zwischen den Gedanken und läßt sich in die Stille fallen – auf jene Ebene des Seins, die unseren grundsätzlichen Zustand ausmacht.

2. Wenn man sich in jenen Zustand des Seins vertieft hat, setzt man seine Absichten und Wünsche frei. In dieser Lücke gibt es eigentlich keine Gedanken und keine Absichten, aber wenn man aus der Lücke wieder hervortritt – an der Verbindungsnaht zwischen Lücke und Gedanken –, kann man eine Absicht einführen. Wenn man eine Reihe von Zielen hat, kann man sie aufschreiben und die Absicht auf sie richten, ehe man in die Lücke eintritt. Wenn man sich Erfolg im Beruf wünscht, läßt man

sich mit dieser Absicht in die Lücke fallen, und die Absicht wird bereits als schwaches Flackern im Bewußtsein vorhanden sein. Wenn man seine Absichten und Wünsche in der Lücke freisetzt, heißt das, sie auf den fruchtbaren Boden des reinen Potentials zu streuen. Man kann erwarten, daß sie zum richtigen Zeitpunkt gedeihen und aufblühen. Man sollte aber die Samen der Wünsche nicht ausgraben, um nachzusehen, ob sie bereits keimen, noch sollte man starre Vorstellungen davon haben, wie sie sich entfalten sollen. Man soll sie einfach nur freisetzen.

3. Man verharrt im Zustand des Selbstbezugs. Das bedeutet, im Bewußtsein des wahren Selbst verwurzelt zu bleiben – eins mit dem Geist und der Verbindung zum Feld des reinen Potentials. Es bedeutet aber auch, sich selbst nicht mit den Augen der Welt zu betrachten oder zuzulassen, daß man durch die Meinungen und Kritik

anderer beeinflußt wird. Man kann diesen Zustand des Selbstbezugs gut aufrechterhalten, wenn man seine Wünsche für sich behält und niemand anders mitteilt, sofern sie nicht eng mit einem verbunden sind oder den gleichen Wunsch teilen.

4. Man sollte alle Konzentration auf das mögliche Ergebnis aufgeben. Das bedeutet, die starre Bindung an ein bestimmtes Resultat aufzugeben und in der Weisheit der Unsicherheit zu leben. Es bedeutet, jeden Augenblick bei der Reise des Lebens zu genießen, auch wenn man das Resultat nicht kennt.

5. Man überläßt es dem Universum, sich um die Einzelheiten zu kümmern. Alle Absichten und Wünsche, die man in der Lücke freisetzt, haben grenzenlos wirksame Kraft. Vertraue auf diese grenzenlos wirksame Kraft der Absicht, die alle Einzelheiten für einen abstimmt.

Man denkt stets daran, daß Ihr wahres Wesen ein reiner Geist ist. Tragen Sie dieses Bewußtsein des Geistes überall mit sich, setzen Sie Ihre Wünsche behutsam frei, und das Universum kümmert sich um die Details.

Die Anwendung des Gesetzes von Absicht und Wunsch

Ich bringe das Gesetz von Absicht und Wünschen zur Anwendung, indem ich mir vornehme, die folgenden Schritte zu unternehmen:

1. Ich werde eine Liste all meiner Wünsche aufstellen. Diese Liste trage ich immer bei mir. Ich betrachte die Liste, ehe ich mich in die Stille oder Meditation begebe. Ich betrachte sie, ehe ich mich abends schlafen lege. Ich betrachte sie, wenn ich morgens aufwache.

2. Ich setzte diese Liste meiner Wünsche frei und überantworte sie dem Schoß der Schöpfung, in der Überzeugung, daß es ei-

nen Grund dafür gibt, wenn die Dinge nicht nach meinem Wunsch verlaufen und der kosmische Plan viel Größeres für mich plant, als ich mir vorstellen konnte.

3. Ich rufe mir stets in Erinnerung, daß ich mir in all meinen Handlungen des gegenwärtigen Augenblicks voll bewußt bin. Ich weigere mich zuzulassen, daß Hindernisse meine Aufmerksamkeit hinsichtlich des gegenwärtigen Augenblicks in Anspruch nehmen und sie auflösen. Ich werde die Gegenwart genau so akzeptieren, wie sie ist, und die Zukunft durch meine tiefsten, ersehnten Absichten und Wünsche prägen.

6

Das Gesetz des Loslassens

ঙ

Im Loslassen liegt die Weisheit der Unsicher-
heit … In der Weisheit der Unsicherheit liegt
die Befreiung von unserer Vergangenheit,
vom Bekannten, dem Gefängnis aller voran-
gegangenen Konditionierungen.

Und in unserer Bereitschaft, ins Unbekannte
zu treten, ins Feld aller Möglichkeiten,
geben wir uns dem kreativen Geist hin, der
den Tanz des Universums bestimmt.

ঙ

Wie zwei goldene Vögel, die auf dem gleichen
Baum hocken, weilen das Ego und das Selbst
im gleichen Körper. Das erstere ißt die süßen
und sauren Früchte vom Baum des Lebens,
während das andere ohne Haftung zuschaut.

Mundaka-Upanischade

Das sechste geistige Gesetz des Erfolgs ist das *Gesetz des Loslassens*. Dieses Gesetz des Loslassens besagt, daß, um im physischen Universum etwas zu erreichen, man jegliche Bindung daran aufgeben muß. Das bedeutet aber nicht, daß man seine Absicht aufgibt, einen Wunsch zu realisieren. Man gibt weder die Absicht auf noch den Wunsch. Man gibt aber seine Bindung an das Ergebnis davon auf und nimmt Abstand ein.

Das ist sehr wirksam. In dem Augenblick, in dem man seine Bindung an ein Ergebnis fahren läßt und die gezielte Absicht gleichzeitig kombiniert mit Loslassen, erhält man genau das, was man ersehnt hat. Man kann alles, was man will, durch Loslassen erreichen, denn Loslassen beruht auf dem bedingungslosen Glauben an die Kraft des eigenen wahren Selbst.

Bindung hingegen beruht auf Angst und Unsicherheit – und das Bedürfnis nach Sicherheit beruht auf der Unkenntnis vom wahren Selbst. Die Quelle von Reichtum, von Überfluß, von allem in der physischen Welt ist das Selbst, das Bewußtsein, das weiß, wie man alle Bedürfnisse erfüllt. Ob Autos, Häuser, Banknoten, Kleider, Flugzeuge – das alles sind Symbole, sie kommen und gehen, sie sind vergänglich. Wenn man Symbolen nachjagt, ist das genau so, als würde man sich mit einer Landkarte abfinden, wenn man das Territorium haben kann. Es ruft Angst hervor. Am Ende fühlt man sich leer und hohl, denn man hat sein Selbst gegen die Symbole eingetauscht.

Bindung entstammt einem Armutsbewußtsein, denn man bindet sich an Symbole. Loslassen ist gleichbedeutend mit Wohlstandsbewußtsein, denn durch Loslassen erfolgt die Freiheit, zu erschaffen. Nur aus distanziertem Engagement heraus kann man Lachen und Freude erleben. Dann werden die Symbole für Reichtum spontan und mühelos erschaffen. Ohne Loslassen sind wir Gefangene unserer Hilflosigkeit, unserer Hoffnungslosigkeit, der weltlichen Bedürfnisse, von Trivialgedanken, stummer Verzweiflung und Schwermütigkeit – den deutlichen Anzeichen für eine mittelmäßige Allerweltsexistenz und ein Armutsbewußtsein.

Wahres Wohlstandsbewußtsein ist gleichbedeutend mit der Fähigkeit, jederzeit und mühelos alles zu haben, was man will. Um in einer solchen Erfahrung verwurzelt zu sein, muß man in Unsicherheit verankert sein. In dieser Unsicherheit findet man die Freiheit, alles zu erschaffen, was man will.

Der Mensch sucht ständig Sicherheit, aber er stellt vermutlich schnell fest, daß diese Sicherheit tatsächlich eine sehr flüchtige Sache ist. Gerade Bindung an Geld ist ein Zeichen von Unsicherheit. Man könnte sagen: »Wenn ich X-Millionen Dollar besitze, fühle ich mich sicherer. Dann bin ich finanziell unabhängig und brauche nicht mehr zu arbeiten. Ich werde dann alle Dinge tun, die ich immer schon tun wollte.« Aber das geschieht nie – *niemals!*

Diejenigen, die Sicherheit nachjagen, tun dies ihr Leben lang, ohne sie jemals zu finden. Sie bleibt so flüchtig und ungreifbar, weil Sicherheit niemals auf Geld allein beruhen kann. Bindung an Geld wird immer Unsicherheit auslösen, gleich, wie hoch das Bankguthaben ist. Tatsächlich sind manche Menschen, die viel Geld besitzen, sehr unsicher.

Die Suche nach Sicherheit ist eine Illusion. Den alten Traditionen nach liegt die Lösung dieses Dilemmas in der Weisheit der Unsicherheit und der Ungewißheit. Das bedeutet, daß die Suche nach Sicherheit und Gewißheit tatsächlich eine *Bindung* an das Bekannte ist. Und was ist das Bekannte? Das Bekannte ist unsere Vergangenheit. Das Bekannte ist nichts weiter als das Gefängnis der vorangegangenen

Konditionierung. Darin liegt keine Evolution. Und wenn keine Evolution möglich ist, herrschen Stagnation, Entropie, Unordnung und Verfall.

Unsicherheit hingegen ist der fruchtbare Boden reiner Schöpfungskraft und Freiheit. Unsicherheit bedeutet, in jedem Augenblick unserer Existenz ins Unbekannte vorzutreten. Das Unbekannte ist das Feld aller Möglichkeiten, stets frisch, allzeit neu, immer offen für die Schöpfung neuer Manifestationen. Ohne Unsicherheit und Unbekanntes ist das Leben bloß die schale Wiederholung abgetragener Erinnerungen. Man wird zum Opfer der Vergangenheit, und man wird heute von dem eigenen früheren Ich gequält.

Wenn man seine Bindung ans Bekannte aufgibt und sich ins Unbekannte begibt, dann betritt man das Feld aller Möglichkeiten. In dieser Bereitschaft, ins Unbekannte einzutreten, gewinnt man die Weisheit der Unsicherheit. Das bedeutet, daß man in jedem Augenblick des Lebens Aufregung, Abenteuer und

Geheimnis erlebt. Man erfährt die volle Lebensfreude – den Zauber, die Feier, die Heiterkeit und den Jubel der eigenen Seele.

Man kann jeden Tag aufs neue Ausschau halten nach den Aufregungen, die sich im Feld aller Möglichkeiten ereignen können. Mit Unsicherheit befindet man sich auf dem richtigen Weg – also geben Sie nicht auf. Man braucht gar keine vollständige und starre Vorstellung von dem zu haben, was man nächste Woche oder nächstes Jahr unternehmen will, denn wenn man ganz genau weiß, was geschieht, und sich daran klammert, schaltet man eine ganze Reihe von anderen Möglichkeiten aus.

Eine Eigenschaft des Feldes aller Möglichkeiten ist die unendliche Korrelation. Das Feld kann eine unvorstellbare Vielfalt von Raum-Zeit-Ereignissen aufeinander abstimmen und einen Ausgang bewirken, der beabsichtigt ist. Aber wenn man gebunden ist, wird die Absicht in ein starres System eingeschlossen, und man verliert alles Fließende, alle

Kreativität und die Spontaneität dieses Feldes. Wenn man sich bindet, fixiert man seine Wünsche aus diesem unendlichen Fluß und der Flexibilität heraus in einen starren Rahmen, der in den gesamten Prozeß der Schöpfung eingreift.

Das Gesetz des Loslassens überschneidet sich aber nicht mit dem *Gesetz von Absicht und Wunsch*. Man hat immer noch die Absicht, in eine bestimmte Richtung zu gehen, man hat immer noch ein Ziel vor Augen. Doch zwischen Punkt A und Punkt B bestehen unendlich viele Möglichkeiten. Wenn man die Unsicherheit mit einbezieht, kann man in jedem Augenblick die Richtung wechseln, falls man vielleicht ein höher gestecktes Ziel oder etwas Aufregenderes findet. Außerdem wird man nicht versuchen, schnelle Lösungen für Probleme zu erzwingen, was einem ermöglicht, wachsam auf die beste Gelegenheit zu warten.

Das Gesetz des Loslassens beschleunigt den gesamten Prozeß der Evolution. Wenn man dieses Gesetz begreift, fühlt man sich nicht mehr getrieben, Lösungen zu erzwingen. Denn mit diesen erzwungenen Lösungen schafft man nur neue Probleme. Richtet man jedoch seine Aufmerksamkeit auf die Ungewißheit, während man darauf wartet, daß eine Lösung aus dem Chaos und der Verwirrung auftaucht, dann erfolgt gewiß etwas sehr Phantastisches und Aufregendes.

Dieser Zustand der Wachsamkeit – die Bereitschaft in der Gegenwart im Feld der Unsicherheit – fällt mit dem Ziel und der Absicht zusammen und erlaubt einem, jede Gelegenheit zu ergreifen. Und wie sehen diese Gelegenheiten aus? Sie sind in allen Problemen enthalten, die einem im Leben begegnen. Jedes Problem im Leben kann der Samen einer besseren Gelegenheit sein. Wenn man einmal zu dieser Überzeugung gelangt, öffnet man sich einer ganzen Reihe von Möglichkeiten – und damit bleiben die Geheimnisse, die Wunder, die Aufregung und das Abenteuer lebendig.

Man kann jedes Problem im Leben als eine Gelegenheit betrachten, die einem zugute kommt. Man muß nur wachsam nach solchen Gelegenheiten Ausschau halten und in der Weisheit der Unsicherheit verwurzelt bleiben. Wenn Ihre Bereitschaft auf eine solche Gelegenheit trifft, tauchen spontane Lösungen für Probleme auf.

Was daraus erfolgt, wird oftmals als »ein glücklicher Zufall« bezeichnet. Glück aber ist nichts weiter als das Zusammentreffen einer Gelegenheit mit der Bereitschaft, sie zu ergreifen. Wenn diese beiden mit einem wachsamen Beobachten von Chaos vermischt werden, tauchen Lösungen auf, die für den Menschen von evolutionärem Vorteil sind. Das ist das perfekte Rezept für Erfolg und beruht auf dem Gesetz des Abstandes.

Die Anwendung des Gesetzes des Abstandes

Ich bringe das Gesetz des Abstandes zur Anwendung, indem ich mir vornehme, die folgenden Schritte zu unternehmen:

1. Ich werde mir heute vornehmen loszulassen. Ich werde mir selbst und denjenigen in meiner Umgebung die Freiheit zugestehen, so zu sein, wie sie sind. Ich werde nicht versuchen, starr meine Vorstellungen durchzusetzen. Ich werde keine Lösungen für Probleme erzwingen und damit nur neue Probleme schaffen. Ich werde mich an allem mit distanziertem Engagement beteiligen.

2. Ich werde heute Unsicherheit als ein Grundelement meiner Erfahrung akzep-

tieren. In meiner Bereitschaft, Unsicherheit anzunehmen, werden spontan Lösungen zu Problemen auftauchen. Je unsicherer mir alles erscheint, um so sicherer werde ich mich fühlen, denn Unsicherheit ist mein Weg zur Freiheit. Durch die Weisheit der Unsicherheit werde ich meine Sicherheit finden.

3. Ich werde das Feld aller Möglichkeiten betreten und mir die Aufregung vorstellen, wenn ich für eine unendliche Auswahl offenbleibe. Wenn ich das Feld aller Möglichkeiten betrete, werde ich in Fülle Abenteuer, Freude, Zauber und Geheimnisse des Lebens erfahren.

7

Das Gesetz des »Dharmas« oder vom Sinn des Lebens

❧

*Jeder hat einen Sinn im Leben ..., eine einzig-
artige Gabe oder ein besonderes Talent,
mit dem er andere beschenken kann.*

*Wenn wir dieses einzigartige Talent mit einem
Dienst am Mitmenschen verbinden, erleben wir
die Ekstase und die Freude der eigenen Seele,
unser höchstes Ziel.*

❧

Wenn du arbeitest, bist du eine Flöte, durch deren Herz sich das Flüstern der Stunden in Musik verwandelt ... Und wenn man mit Liebe arbeitet? Dann webt man Fäden in das Tuch, die dem Herzen entstammen, so, als würde die eigene Geliebte dieses Tuch tragen ...

Khalil Gibran, Der Prophet

Das siebte geistige Gesetz des Erfolgs ist das *Gesetz vom Dharma*. Dharma ist ein Wort aus dem Sanskrit und bedeutet »Lebenszweck oder -sinn«. Das Gesetz des Dharmas besagt, daß wir eine körperliche Gestalt angenommen haben, um einen Sinn zu erfüllen. Das Feld des reinen Potentials ist seiner Natur nach göttlich, und das Göttliche nimmt menschliche Gestalt an, um einen Zweck zu erfüllen.

Diesem Gesetz zufolge hat man ein einzigartiges Talent und eine einzigartige Art, dies auszudrücken. Es gibt etwas, das man besser kann als alle anderen Menschen in der ganzen

Welt – und nach jedem einzigartigen Talent und jedem einzigartigen Ausdruck dieses Talents gibt es auch eine einzigartige Nachfrage. Wenn diese Nachfrage mit dem kreativen Ausdruck des Talents abgestimmt wird, entsteht ein Funke, der Wohlstand erzeugt. Wenn man seine Talente ausdrückt und damit Bedürfnisse stillt, erzeugt man unbegrenzten Reichtum und Überfluß.

Wenn man Kindern von Anfang an diesen Gedanken einflößen kann, sieht man die Wirkung deutlich in ihrem späteren Leben. Ich habe dies bei meinen eigenen Kindern so gehalten. Immer wieder habe ich ihnen gesagt, es gäbe einen Grund, daß sie auf der Welt seien, und sie sollten diesen Grund allein herausfinden. Seit sie vier Jahre alt sind, haben sie dies immer wieder von mir gehört. Ich habe ihnen außerdem im gleichen Alter das Meditieren beigebracht und ihnen gesagt: »Ich möchte, daß ihr euch niemals darum Gedanken macht, wie ihr euren Lebensunterhalt verdient. Wenn ihr als Erwachsene nicht genug verdient, werde ich für euch sorgen, daher braucht ihr euch keine Sorgen zu machen. Ich möchte nicht, daß ihr euch ausschließlich darauf konzentriert, in der Schule gute Leistungen zu erzielen. Ich will gar nicht, daß ihr immer die besten Noten habt und nur die besten Schulen besucht. Ich will nur, daß ihr euch auf die Frage konzentriert, wie ihr der Menschheit am besten dienen könnt und welche einzigartigen Talente ihr habt. Denn jeder von euch hat eine einzigartige Begabung, die so kein anderer besitzt, und ihr könnt diese auf ganz besondere, eigene Weise ausdrücken.« Aber meine Kinder besuchten die besten Schulen, bekamen die besten Noten, und schon im College fielen sie dadurch auf, daß sie finanziell unabhängig waren, denn sie hatten sich darauf konzentriert, *was sie auf dieser Erde geben sollen*. Das ist das *Gesetz des Dharmas*.

ॐ

Das *Gesetz des Dharmas* hat drei Komponenten. Die erste Komponente besagt, daß jeder Mensch auf dieser Welt ist, um sein wahres Selbst zu entdecken. Jeder muß für sich herausfinden, daß das wahre Selbst spirituell ist, daß wir grundsätzlich spirituelle Wesen sind, die sich in physischer Form manifestiert haben. Wir sind nicht Menschen, die gelegentlich ein spirituelles Erlebnis haben – es ist andersherum: Wir sind spirituelle Wesen, die gelegentlich eine menschliche Erfahrung haben.

Jeder ist auf dieser Erde, um das höhere oder spirituelle Selbst in sich zu entdecken. Das ist die erste Erfüllung des Gesetzes des Dharmas. Wir müssen für uns allein herausfinden, daß in uns ein Gott oder eine Göttin steckt, die geboren werden wollen, damit wir unsere Göttlichkeit ausdrücken können.

Die zweite Komponente des Gesetzes des Dharmas ist, daß wir unsere einzigartigen Talente ausdrücken. Das Gesetz des Dharmas besagt, daß jeder Mensch über eine einzigartige Begabung verfügt. Jeder hat ein Talent, das auch in seiner Ausdrucksform so einzigartig ist, daß kein anderer Mensch auf diesem Planeten das gleiche Talent hat oder es auf diese Weise ausdrückt. Das bedeutet, daß man irgend etwas kann und auch ausdrückt, das besser ist als alles, was andere Menschen auf diesem Planeten vermögen und ausdrücken können. Wenn man diese eine Begabung erfüllt, verliert man sich in der Zeit. Wenn man das Talent zum Ausdruck bringt, das man hat – in vielen Fällen handelt es sich sogar um mehrere Talente –, dann versetzt einen der Ausdruck dieses Talents in ein zeitloses Bewußtsein.

Die dritte Komponente des Gesetzes des Dharmas ist der Dienst an der Menschheit, indem man seinen Mitmenschen dient und sich die Fragen stellt: »Wie kann ich dienen? Wie kann ich all jenen helfen, mit denen ich in Berührung gerate?« Wenn man die Fähigkeit, sein einzigartiges Talent auszudrücken, mit dem Dienst an der Menschheit verbindet, wendet man das Gesetz des Dharmas vollständig an. Und verbunden mit der Erfahrung der eigenen Spiritualität – dem Feld des reinen Potentials – ist es *unmöglich,* keinen Zugang zu grenzenloser Fülle zu haben, weil das der richtige Weg zu uneingeschränktem Überfluß ist.

Es handelt sich auch nicht um vorübergehenden Wohlstand; dieser Reichtum ist vielmehr von Dauer: aufgrund des einzigartigen Talents und der einzigartigen Weise, dies auszudrücken; aufgrund des Dienstes und der Hingabe an die Mitmenschen. Wichtig dazu ist die Frage: »Wie kann ich helfen?« und nicht: »Was springt für mich dabei heraus?«

Letzteres ist die ängstliche Stimme des Egos. Doch die Frage »Wie kann ich helfen?« ist die innere Stimme der Seele, jener Bereich des Bewußtseins, in dem man Universalität erlebt. Wenn man die innere Stimme von »Was springt für mich dabei heraus?« in »Wie kann ich helfen?« verwandelt, begibt man sich automatisch über den Bereich des Egos hinaus ins Reich des Geistes. Meditation ist gewöhnlich der effektivste Weg, das Reich des Geistes und der Seele zu betreten. Wenn man die innere Stimme auf die Frage »Wie kann ich helfen?« verlagert, gewinnt man auch Zugang zum Geist und jenem Bereich des Bewußtseins, in dem man Universalität erlebt.

Wenn man das *Gesetz des Dharmas* maximal nutzen will, muß man sich zu mehreren Dingen verpflichten.

Der erste Vorsatz lautet: Ich begebe mich durch spirituelle Praxis auf die Suche nach meinem höheren Selbst, das jenseits meines Egos liegt.

Der zweite Vorsatz lautet: Ich werde meine einzigartigen Talente entdecken, und wenn ich sie gefunden habe, werde ich mich freuen. Der Prozeß der Freude stellt sich ein, wenn man in zeitloses Bewußtsein eintaucht. Dann befindet man sich im Schoß der Glückseligkeit.

Der dritte Vorsatz lautet: Ich werde mich fragen, wie ich der Menschheit am besten dienen kann. Diese Frage werde ich beantworten und dann in die Tat umsetzen. Ich werde meine einzigartigen Talente einsetzen, um die Bedürfnisse meiner Mitmenschen zu erfüllen. Diese Bedürfnisse werde ich mit meinem Wunsch, anderen zu helfen und zu dienen, in Einklang bringen.

Dann setzt man sich nieder und stellt eine Liste von Antworten auf folgende zwei Fragen auf: Man fragt sich, wenn Geld keine Rolle spielen würde, wenn man sämtliches Geld und sämtliche Zeit in der Welt hätte, was würde man dann tun? Wenn man immer noch genau das tun würde, was man gegenwärtig tut, befindet man sich im Dharma, denn man empfindet *Leidenschaft* für das, was man tut. Man drückt seine einzigartigen Talente aus. Dann fragt man sich: Wie kann ich der Menschheit am besten dienen? Die Antwort darauf setzt man in die Tat um.

Wenn man seine Göttlichkeit in sich entdeckt, sein einzigartiges Talent herausfindet und mit diesem der Menschheit dient, kann man allen Reichtum erschaffen, den man will. Wenn der kreative Ausdruck der Talente die Bedürfnisse der Mitmenschen erfüllt, wird sich Reichtum spontan aus dem Nichtmanifesten ins Manifeste ergießen, vom Reich des Geistes in die Welt der Formen. Man erfährt sein Leben als einen wundersamen Ausdruck von Göttlichkeit – nicht nur gelegentlich, sondern ständig. Und man wird wahre Freude und die wahre Bedeutung von Erfolg kennenlernen – die Ekstase und Erhebung des eigenen Geistes.

Die Anwendung des Gesetzes des »Dharmas« oder vom Sinn des Lebens

Ich werde das Gesetz des Dharmas anwenden, indem ich mir vornehme, die folgenden Schritte zu unternehmen:

1. Ich werde ab heute das Göttliche verehren, das als Keim in mir ruht. Ich werde auf den Geist in mir achten, der meinen Körper und meine Seele belebt. Ich werde wach sein für die tiefe Stille in meinem Herzen. Ich werde das Bewußtsein meines zeitlosen, ewigen Wesens mitten in allen zeitgebundenen Erfahrungen bewahren.

2. Ich werde eine Liste meiner einzigartigen Begabungen aufstellen. Darin führe ich al-

le Dinge auf, die ich gern tue und bei denen ich meine einzigartigen Talente ausdrücke. Wenn ich meine einzigartigen Talente ausdrücke und sie im Dienst der Menschheit einsetze, verliere ich mich in der Zeit und erzeuge in meinem Leben wie im Leben anderer Wohlstand.

3. Ich werde mich jeden Tag fragen: »Wie kann ich helfen?« und: »Wie kann ich dienen?« Die Antworten auf diese Fragen ermöglichen mir, meinen Mitmenschen in Liebe zu begegnen und zu dienen.

Zusammenfassung und Schlußfolgerungen

Ich will Gottes Gedanken kennenlernen ...
Der Rest ist Nebensache.

Albert Einstein

Der universelle Geist stimmt mit eleganter Präzision und unfehlbarer Intelligenz alles aufeinander ab, was in den Milliarden von Galaxien geschieht. Diese Intelligenz ist allem überlegen und herrscht über jede Faser der Existenz: von der kleinsten zur größten Form, vom Atom bis zum Kosmos. Alles, was lebt, ist ein Ausdruck dieser Intelligenz. Und diese Intelligenz zeigt sich in den sieben geistigen Gesetzen.

Schon bei Betrachtung einer einzelnen Zelle im menschlichen Körper erkennt man in deren Funktion, wie diese Gesetze wirken. Jede Zelle, ob sie sich im Magen, im Herzen oder im Gehirn befindet, entstammt letztendlich dem *Gesetz des reinen Potentials*. DNS ist das perfekte Beispiel für reines Potential und dessen *materielle Verkörperung*. Das gleiche DNS, das in jeder Zelle existiert, drückt sich auf verschiedene Weise aus, um die einzigartigen Anforderungen in der jeweiligen Situation zu erfüllen.

Jede Zelle funktioniert aber auch nach dem *Gesetz des Gebens*. Eine Zelle ist gesund und lebendig, wenn sie sich im Zustand von Gleichgewicht und Ausgeglichenheit befindet. Der Zustand des Gleichgewichts bedeutet Erfüllung und Harmonie und wird durch ständiges Geben und Nehmen aufrechterhalten. Jede Zelle gibt den anderen und unterstützt sie und wird wiederum von jeder anderen Zelle versorgt. Die Zelle befindet sich stets in einem Zustand dynamischen Fließens, und dieser Fluß wird niemals unterbrochen. Er ist vielmehr die tatsächliche Lebensessenz der Zelle. Nur durch ihren Beitrag zu diesem Fluß ist die Zelle in der Lage zu empfangen, und nur so kann sie ihre pulsierende Existenz fortsetzen.

Das *Gesetz des Karmas* wird von jeder Zelle aufs beste angewandt, weil die angemessensten und korrektesten Reaktionen auf jede mögliche Aktion in ihre Intelligenz einprogrammiert sind.

Das *Gesetz des geringsten Aufwandes* wird ebenfalls von jeder Körperzelle perfekt in die Tat umgesetzt. Sie vollzieht ihre Arbeit in stiller Effizienz und im Zustand wacher Gelassenheit.

Durch das *Gesetz von Absicht und Wunsch* macht jede Absicht einer jeden Zelle die grenzenlos wirkende Kraft der natürlichen Intelligenz nutzbar. Selbst eine so einfache Absicht wie die Verwandlung eines Zuckermoleküls löst eine Symphonie von Ereignissen im Körper aus. Bestimmte Mengen von Hormonen werden in einem bestimmten Moment ausgeschieden, um dieses Zuckermolekül in reine, kreative Energie zu verwandeln.

Natürlich wendet auch jede Zelle das *Gesetz des Loslassens* an. Sie ist vom Ausgang ihrer Absichten vollständig abgelöst. Sie zögert und versagt nicht, weil ihr Verhalten eine Funktion des lebenszentrierten Gegenwartsbewußtseins ist.

Jede Zelle wendet auch das *Gesetz des Dharmas* an, indem sie ihre eigene Quelle entdecken muß, das höhere Selbst; sie muß ihren Mitzellen dienen und ihre einzigartigen Talente ausdrücken. Herzzellen, Magenzellen und Immunzellen haben alle ihren Ursprung im höheren Selbst, dem Feld des reinen Potentials. Und da sie direkt mit diesem kosmischen Computer verbunden sind, können sie ihre einzigartigen Talente mühelos und in zeitlosem Bewußtsein entfalten. Nur im Ausdruck ihrer einzigartigen Talente können sie sowohl ihre eigene Integrität wie auch die Integrität des gesamten Körpers bewahren. Die innere Stimme jeder Zelle des menschlichen

Körpers lautet: »Wie kann ich helfen?« Die Herzzellen wollen den Immunzellen helfen, die Immunzellen wollen den Magen- und Lungenzellen helfen, und die Gehirnzellen achten auf jede andere Zelle und unterstützen sie. Jede Zelle des menschlichen Körpers hat nur eine einzige Funktion: allen anderen Zellen zu helfen.

Wenn wir das Zellverhalten in unserem eigenen Körper betrachten, stellen wir fest, daß die sieben geistigen Gesetze höchst ungewöhnlich und wirksam angewendet werden. Hier wirkt der Genius der natürlichen Intelligenz. Es sind die Gedanken Gottes – der Rest ist Nebensache.

కి

Die *sieben geistigen Gesetze des Erfolgs* sind machtvolle Prinzipien, die es uns ermöglichen, die Meisterschaft über uns selbst zu erlangen. Wenn man seine Aufmerksamkeit auf diese Gesetze richtet und die in diesem Buch beschriebenen Schritte vollzieht, wird man bald sehen, daß man alles manifestieren kann, was man will und wie man will: Wohlstand, Geld und Erfolg. Man wird auch feststellen, daß das Leben in jeder Hinsicht freudiger und reicher wird, denn diese Gesetze sind die spirituellen Gesetze des Lebens und machen dieses erst lebenswert.

Es gibt eine natürliche Abfolge für die Anwendung dieser Gesetze im Alltag, die einem helfen kann, sie besser zu beachten. Das *Gesetz des reinen Potentials* wird am besten in Stille und durch Meditation erlebt, durch Vorurteilslosigkeit und Kontakt zur Natur, aber es wird durch das *Gesetz des Gebens* aktiviert. Hier heißt das Prinzip, zu lernen, das zu geben, was wir haben wollen. So aktiviert man das *Gesetz des reinen Potentials*. Wenn man Wohlstand sucht, gibt man Wohlstand, wenn man Geld sucht, gibt man Geld, wenn man Liebe, Anerkennung und Zuwendung sucht, sollte man lernen, Liebe, Anerkennung und Zuwendung zu geben.

Durch die Handlungen nach dem Gesetz des Gebens kann man das *Gesetz des Karmas* aktivieren. Man erzeugt gutes Karma, und gutes Karma macht alles im Leben leichter. Man stellt schnell fest, daß man sich kaum große Mühe zu geben braucht, um sich alle Wünsche zu erfüllen. Dies führt automatisch zum Verständnis vom *Gesetz des geringsten Aufwandes*. Wenn alles leicht und mühelos funktioniert, beginnt man spontan das *Gesetz von Absicht und Wunsch* zu verstehen. Die Erfüllung aller Wünsche ohne Mühe erleichtert es einem auch, das *Gesetz des Loslassens* anzuwenden.

Wenn man schließlich alle oben beschriebenen Gesetze verstanden hat, konzentriert man sich auf den wahren Sinn des Lebens, indem man seine einzigartigen Talente zum Ausdruck bringt und gleichzeitig die Bedürfnisse der Mitmenschen erfüllt. Dann erzeugt man alles, was man will und wann man will. Man wird sorglos und freudig, und das Leben wird zum Ausdruck grenzenloser Liebe.

Wir alle sind Reisende auf dem Weg durch den Kosmos – durch Sternenstaub, Planeten-wirbel und die Strudel der Unendlichkeit. Das Leben ist ewig. Aber die Ausdrucksformen des Lebens sind flüchtig und vorübergehend. Gautama Buddha sagte einmal:

Unsere Existenz ist so flüchtig wie Herbst-wolken.

Geburt und Tod mitanzusehen ist

wie einem Tanz zuzuschauen.

Ein ganzes Leben geht vorbei wie ein Blitz am Himmel,

schießt dahin wie der Gebirgsbach durch die tiefe Schlucht.

Wir haben einen Moment verharrt, um einander zu begegnen, einander kennenzuler-nen, zu lieben und zu teilen. Es ist ein kostba-rer Augenblick, aber er geht vorbei – er ist nicht mehr als nur ein kleines Verharren in der Ewigkeit. Wenn wir mit Fürsorge, Liebe und leichtem Herzen teilen, erzeugen wir Wohl-stand und Freude füreinander. Dann ist dieser kurze Augenblick es wert gewesen.

Mond

38/211